# 个人信息保护法一本通

法规应用研究中心　编

中国法制出版社
CHINA LEGAL PUBLISHING HOUSE

# 编辑说明

“法律一本通”系列丛书自2005年出版以来，以其科学的体系、实用的内容，深受广大读者的喜爱。2007年、2011年、2014年、2016年、2018年、2019年我们对其进行了改版，丰富了其内容，增强了其实用性，博得了广大读者的赞誉。

我们秉承“以法释法”的宗旨，在保持原有的体例之上，2021年再次对“法律一本通”系列丛书进行改版，以达到“应办案所需，适学习所用”的目标。新版丛书具有以下特点：

1. 丛书以主体法的条文为序，逐条穿插关联的现行有效的法律、行政法规、部门规章、司法解释、请示答复和部分地方规范性文件，以方便读者理解和适用。尤其是请示答复，因其往往是针对个案而抽象出来的一般性规则，实践中具有操作指导意义。

2. 丛书紧扣实践和学习两个主题，在目录上标注了重点法条，并在某些重点法条的相关规定之前，对收录的相关文件进行分类，再按分类归纳核心要点，以便读者最便捷地查找使用。

3. 丛书紧扣法律条文，在主法条的相关规定之后附上案例指引，收录最高人民法院、最高人民检察院指导性案例、公报案例以及相关机构公布的典型案例的裁判摘要、案例要旨或案情摘要。通过相关案例，可以进一步领会和把握法律条文的适用，从而作为解决实际问题的参考。并对案例指引制作索引目录，方便读者查找。

4. 丛书以脚注的形式，对各类法律文件之间或者同一法律文件不同条文之间的适用关系、重点法条疑难之处进行说明，以便读者系统地理解我国现行各个法律部门的规则体系，从而更好地为教学科研和司法实践服务。

5. 丛书结合二维码技术的应用为广大读者提供增值服务，扫描前勒口二维码，即可免费部分使用中国法制出版社最新推出的【法融】数据库。【法融】数据库中“国家法律法规”栏目便于读者查阅法律文件准确全文及效力的同时，更有部分法律文件权威英文译本等独家资源分享。“最高法指导案例”和“最高检指导案例”两个栏目提供最高人民法院和最高人民检察院指导性案例的全文，为读者提供更多增值服务。

中国法制出版社

2021年10月

# 目　录

## 第一章　总　则



## 第二章　个人信息处理规则

## 第三章　个人信息跨境提供的规则

## 第四章　个人在个人信息处理活动中的权利



## 第五章　个人信息处理者的义务



## 第六章　履行个人信息保护职责的部门

## 第七章　法律责任



## 第八章　附　　则



**附录**

# 案例索引目录

# 中华人民共和国个人信息保护法

（2021年8月20日第十三届全国人民代表大会常务委员会第三十次会议通过　2021年8月20日中华人民共和国主席令第九十一号公布　自2021年11月1日起施行）

## 目　　录



## 第一章　总　　则

**第一条**　**【立法目的】**[①]

为了保护个人信息权益，规范个人信息处理活动，促进个人信息合理利用，根据宪法，制定本法。

① 条文主旨为编者所加，下同。

## ●宪 法

1.**《中华人民共和国宪法》**（2018年3月11日）

**第37条** 中华人民共和国公民的人身自由不受侵犯。

任何公民，非经人民检察院批准或者决定或者人民法院决定，并由公安机关执行，不受逮捕。

禁止非法拘禁和以其他方法非法剥夺或者限制公民的人身自由，禁止非法搜查公民的身体。

**第38条** 中华人民共和国公民的人格尊严不受侵犯。禁止用任何方法对公民进行侮辱、诽谤和诬告陷害。

## ●法 律

2.**《中华人民共和国民法典》**（2020年5月28日）

**第109条** 自然人的人身自由、人格尊严受法律保护。

**第990条** 人格权是民事主体享有的生命权、身体权、健康权、姓名权、名称权、肖像权、名誉权、荣誉权、隐私权等权利。

除前款规定的人格权外，自然人享有基于人身自由、人格尊严产生的其他人格权益。

3.**《中华人民共和国网络安全法》**（2016年11月7日）

**第1条** 为了保障网络安全，维护网络空间主权和国家安全、社会公共利益，保护公民、法人和其他组织的合法权益，促进经济社会信息化健康发展，制定本法。

4.**《中华人民共和国数据安全法》**（2021年6月10日）

**第1条** 为了规范数据处理活动，保障数据安全，促进数据开发利用，保护个人、组织的合法权益，维护国家主权、安全和发展利益，制定本法。

**第7条** 国家保护个人、组织与数据有关的权益，鼓励数据依法合理有效利用，保障数据依法有序自由流动，促进以数据为关键要素的数字经济发展。

5.**《中华人民共和国密码法》**（2019年10月26日）

**第1条** 为了规范密码应用和管理，促进密码事业发展，保障网络与信息安全，维护国家安全和社会公共利益，保护公民、法人和其他组织的合法权益，制定本法。

● *部门规章及文件*

**6.《电信和互联网用户个人信息保护规定》**（2013 年 7 月 16 日）

**第 1 条** 为了保护电信和互联网用户的合法权益，维护网络信息安全，根据《全国人民代表大会常务委员会关于加强网络信息保护的决定》、《中华人民共和国电信条例》和《互联网信息服务管理办法》等法律、行政法规，制定本规定。

● *司法解释及文件*

**7.《最高人民法院关于审理使用人脸识别技术处理个人信息相关民事案件适用法律若干问题的规定》**（2021 年 7 月 27 日）

**第 1 条第 1 款** 因信息处理者违反法律、行政法规的规定或者双方的约定使用人脸识别技术处理人脸信息、处理基于人脸识别技术生成的人脸信息所引起的民事案件，适用本规定。

## 第二条 【个人信息受法律保护】

自然人的个人信息受法律保护，任何组织、个人不得侵害自然人的个人信息权益。

● *法　律*

**1.《中华人民共和国民法典》**（2020 年 5 月 28 日）

**第 110 条** 自然人享有生命权、身体权、健康权、姓名权、肖像权、名誉权、荣誉权、隐私权、婚姻自主权等权利。

法人、非法人组织享有名称权、名誉权和荣誉权。

**第 111 条** 自然人的个人信息受法律保护。任何组织或者个人需要获取他人个人信息的，应当依法取得并确保信息安全，不得非法收集、使用、加工、传输他人个人信息，不得非法买卖、提供或者公开他人个人信息。

**第 1032 条** 自然人享有隐私权。任何组织或者个人不得以刺探、侵扰、泄露、公开等方式侵害他人的隐私权。

隐私是自然人的私人生活安宁和不愿为他人知晓的私密空间、私密活动、私密信息。

**第1033条** 除法律另有规定或者权利人明确同意外，任何组织或者个人不得实施下列行为：

（一）以电话、短信、即时通讯工具、电子邮件、传单等方式侵扰他人的私人生活安宁；

（二）进入、拍摄、窥视他人的住宅、宾馆房间等私密空间；

（三）拍摄、窥视、窃听、公开他人的私密活动；

（四）拍摄、窥视他人身体的私密部位；

（五）处理他人的私密信息；

（六）以其他方式侵害他人的隐私权。

**第1034条** 自然人的个人信息受法律保护。

个人信息是以电子或者其他方式记录的能够单独或者与其他信息结合识别特定自然人的各种信息，包括自然人的姓名、出生日期、身份证件号码、生物识别信息、住址、电话号码、电子邮箱、健康信息、行踪信息等。

个人信息中的私密信息，适用有关隐私权的规定；没有规定的，适用有关个人信息保护的规定。

**2.《中华人民共和国网络安全法》（2016年11月7日）**

**第40条** 网络运营者应当对其收集的用户信息严格保密，并建立健全用户信息保护制度。

**第44条** 任何个人和组织不得窃取或者以其他非法方式获取个人信息，不得非法出售或者非法向他人提供个人信息。

**3.《中华人民共和国消费者权益保护法》（2013年10月25日）**

**第14条** 消费者在购买、使用商品和接受服务时，享有人格尊严、民族风俗习惯得到尊重的权利，享有个人信息依法得到保护的权利。

**第50条** 经营者侵害消费者的人格尊严、侵犯消费者人身自由或者侵害消费者个人信息依法得到保护的权利的，应当停止侵害、恢复名誉、消除影响、赔礼道歉，并赔偿损失。

**4.《中华人民共和国英雄烈士保护法》（2018年4月27日）**

**第22条** 禁止歪曲、丑化、亵渎、否定英雄烈士事迹和精神。

英雄烈士的姓名、肖像、名誉、荣誉受法律保护。任何组织和个人不得在公共场所、互联网或者利用广播电视、电影、出版物等，以侮辱、诽谤或者其他方式侵害英雄烈士的姓名、肖像、名誉、荣誉。任何组织和个人不得将英雄烈士的姓名、肖像用于或者变相用于商标、商业广告，损害英雄烈士的名誉、荣誉。

公安、文化、新闻出版、广播电视、电影、网信、市场监督管理、负责英雄烈士保护工作的部门发现前款规定行为的，应当依法及时处理。

**5.《全国人民代表大会常务委员会关于加强网络信息保护的决定》**（2012年12月28日）

**一、**国家保护能够识别公民个人身份和涉及公民个人隐私的电子信息。

任何组织和个人不得窃取或者以其他非法方式获取公民个人电子信息，不得出售或者非法向他人提供公民个人电子信息。

## ● *行政法规及文件*

**6.《中华人民共和国电信条例》**（2016年2月6日）

**第6条** 电信网络和信息的安全受法律保护。任何组织或者个人不得利用电信网络从事危害国家安全、社会公共利益或者他人合法权益的活动。

**第57条** 任何组织或者个人不得有下列危害电信网络安全和信息安全的行为：

（一）对电信网的功能或者存储、处理、传输的数据和应用程序进行删除或者修改；

（二）利用电信网从事窃取或者破坏他人信息、损害他人合法权益的活动；

（三）故意制作、复制、传播计算机病毒或者以其他方式攻击他人电信网络等电信设施；

（四）危害电信网络安全和信息安全的其他行为。

## ● *部门规章及文件*

**7.《儿童个人信息网络保护规定》**（2019年8月22日）

**第4条** 任何组织和个人不得制作、发布、传播侵害儿童个人信息安全的信息。

**第7条** 网络运营者收集、存储、使用、转移、披露儿童个人信息的，应当遵循正当必要、知情同意、目的明确、安全保障、依法利用的原则。

8.**《市场监督管理严重违法失信名单管理办法》**（2021 年 7 月 30 日）

**第 8 条** 实施下列侵害消费者权益的违法行为，且属于本办法第二条规定情形的，列入严重违法失信名单：

（一）侵害消费者人格尊严、个人信息依法得到保护等权利；

（二）预收费用后为逃避或者拒绝履行义务，关门停业或者迁移服务场所，未按照约定提供商品或者服务，且被市场监督管理部门确认为无法取得联系；

（三）制造、销售、使用以欺骗消费者为目的的计量器具；抄袭、串通、篡改计量比对数据，伪造数据、出具虚假计量校准证书或者报告，侵害消费者权益；

（四）经责令召回仍拒绝或者拖延实施缺陷产品召回；

（五）其他违反法律、行政法规规定，严重侵害消费者权益的违法行为。

● ***司法解释及文件***

9.**《最高人民法院关于审理使用人脸识别技术处理个人信息相关民事案件适用法律若干问题的规定》**（2021 年 7 月 27 日）

**第 2 条** 信息处理者处理人脸信息有下列情形之一的，人民法院应当认定属于侵害自然人人格权益的行为：

（一）在宾馆、商场、银行、车站、机场、体育场馆、娱乐场所等经营场所、公共场所违反法律、行政法规的规定使用人脸识别技术进行人脸验证、辨识或者分析；

（二）未公开处理人脸信息的规则或者未明示处理的目的、方式、范围；

（三）基于个人同意处理人脸信息的，未征得自然人或者其监护人的单独同意，或者未按照法律、行政法规的规定征得自然人或者其监护人的书面同意；

（四）违反信息处理者明示或者双方约定的处理人脸信息的目的、方式、范围等；

（五）未采取应有的技术措施或者其他必要措施确保其收集、存储的人脸信息安全，致使人脸信息泄露、篡改、丢失；

（六）违反法律、行政法规的规定或者双方的约定，向他人提供人脸信息；

（七）违背公序良俗处理人脸信息；

（八）违反合法、正当、必要原则处理人脸信息的其他情形。

**第三条 【适用范围】**

在中华人民共和国境内处理自然人个人信息的活动，适用本法。

在中华人民共和国境外处理中华人民共和国境内自然人个人信息的活动，有下列情形之一的，也适用本法：

（一）以向境内自然人提供产品或者服务为目的；

（二）分析、评估境内自然人的行为；

（三）法律、行政法规规定的其他情形。

### ● *法　律*

1.**《中华人民共和国数据安全法》**（2021 年 6 月 10 日）

**第 2 条**　在中华人民共和国境内开展数据处理活动及其安全监管，适用本法。

在中华人民共和国境外开展数据处理活动，损害中华人民共和国国家安全、公共利益或者公民、组织合法权益的，依法追究法律责任。

2.**《中华人民共和国电子商务法》**（2018 年 8 月 31 日）

**第 2 条**　中华人民共和国境内的电子商务活动，适用本法。

本法所称电子商务，是指通过互联网等信息网络销售商品或者提供服务的经营活动。

法律、行政法规对销售商品或者提供服务有规定的，适用其规定。金融类产品和服务，利用信息网络提供新闻信息、音视频节目、出版以及文化产品等内容方面的服务，不适用本法。

### ● *部门规章及文件*

3.**《电信和互联网用户个人信息保护规定》**（2013 年 7 月 16 日）

**第 2 条**　在中华人民共和国境内提供电信服务和互联网信息服务过程中收集、使用用户个人信息的活动，适用本规定。

4. **《网络交易监督管理办法》**（2021 年 3 月 15 日）

**第 2 条** 在中华人民共和国境内，通过互联网等信息网络（以下简称通过网络）销售商品或者提供服务的经营活动以及市场监督管理部门对其进行监督管理，适用本办法。

在网络社交、网络直播等信息网络活动中销售商品或者提供服务的经营活动，适用本办法。

## 第四条 【个人信息及处理的界定】

个人信息是以电子或者其他方式记录的与已识别或者可识别的自然人有关的各种信息，不包括匿名化处理后的信息。

个人信息的处理包括个人信息的收集、存储、使用、加工、传输、提供、公开、删除等。

### ● 法 律

1. **《中华人民共和国网络安全法》**（2016 年 11 月 7 日）

**第 76 条** 本法下列用语的含义：

（一）网络，是指由计算机或者其他信息终端及相关设备组成的按照一定的规则和程序对信息进行收集、存储、传输、交换、处理的系统。

（二）网络安全，是指通过采取必要措施，防范对网络的攻击、侵入、干扰、破坏和非法使用以及意外事故，使网络处于稳定可靠运行的状态，以及保障网络数据的完整性、保密性、可用性的能力。

（三）网络运营者，是指网络的所有者、管理者和网络服务提供者。

（四）网络数据，是指通过网络收集、存储、传输、处理和产生的各种电子数据。

（五）个人信息，是指以电子或者其他方式记录的能够单独或者与其他信息结合识别自然人个人身份的各种信息，包括但不限于自然人的姓名、出生日期、身份证件号码、个人生物识别信息、住址、电话号码等。

2. **《中华人民共和国数据安全法》**（2021 年 6 月 10 日）

**第 3 条** 本法所称数据，是指任何以电子或者其他方式对信息的记录。

数据处理，包括数据的收集、存储、使用、加工、传输、提供、公开等。

数据安全，是指通过采取必要措施，确保数据处于有效保护和合法利用的状态，以及具备保障持续安全状态的能力。

**3.《中华人民共和国民法典》**（2020 年 5 月 28 日）

**第 1034 条** 自然人的个人信息受法律保护。

个人信息是以电子或者其他方式记录的能够单独或者与其他信息结合识别特定自然人的各种信息，包括自然人的姓名、出生日期、身份证件号码、生物识别信息、住址、电话号码、电子邮箱、健康信息、行踪信息等。

个人信息中的私密信息，适用有关隐私权的规定；没有规定的，适用有关个人信息保护的规定。

**第 1035 条第 2 款** 个人信息的处理包括个人信息的收集、存储、使用、加工、传输、提供、公开等。

● ***部门规章及文件***

**4.《电信和互联网用户个人信息保护规定》**（2013 年 7 月 16 日）

**第 4 条** 本规定所称用户个人信息，是指电信业务经营者和互联网信息服务提供者在提供服务的过程中收集的用户姓名、出生日期、身份证件号码、住址、电话号码、账号和密码等能够单独或者与其他信息结合识别用户的信息以及用户使用服务的时间、地点等信息。

**5.《个人信用信息基础数据库管理暂行办法》**（2005 年 8 月 18 日）

**第 4 条** 本办法所称个人信用信息包括个人基本信息、个人信贷交易信息以及反映个人信用状况的其他信息。

前款所称个人基本信息是指自然人身份识别信息、职业和居住地址等信息；个人信贷交易信息是指商业银行提供的自然人在个人贷款、贷记卡、准贷记卡、担保等信用活动中形成的交易记录；反映个人信用状况的其他信息是指除信贷交易信息之外的反映个人信用状况的相关信息。

● ***司法解释及文件***

**6.《最高人民法院关于审理使用人脸识别技术处理个人信息相关民事案件适用法律若干问题的规定》**（2021 年 7 月 27 日）

**第 1 条** 因信息处理者违反法律、行政法规的规定或者双方的约定使用人脸识别技术处理人脸信息、处理基于人脸识别技术生成的人脸信息所引起的民事案件，适用本规定。

人脸信息的处理包括人脸信息的收集、存储、使用、加工、传输、提供、公开等。

本规定所称人脸信息属于民法典第一千零三十四条规定的“生物识别信息”。

**7.《最高人民法院、最高人民检察院关于办理侵犯公民个人信息刑事案件适用法律若干问题的解释》**（2017 年 5 月 8 日）

**第 1 条** 刑法第二百五十三条之一规定的“公民个人信息”，是指以电子或者其他方式记录的能够单独或者与其他信息结合识别特定自然人身份或者反映特定自然人活动情况的各种信息，包括姓名、身份证件号码、通信通讯联系方式、住址、账号密码、财产状况、行踪轨迹等。

**8.《最高人民法院关于人民法院在互联网公布裁判文书的规定》**（2016 年 8 月 29 日）

**第 10 条** 人民法院在互联网公布裁判文书时，应当删除下列信息：

（一）自然人的家庭住址、通讯方式、身份证号码、银行账号、健康状况、车牌号码、动产或不动产权属证书编号等个人信息；

（二）法人以及其他组织的银行账号、车牌号码、动产或不动产权属证书编号等信息；

（三）涉及商业秘密的信息；

（四）家事、人格权益等纠纷中涉及个人隐私的信息；

（五）涉及技术侦查措施的信息；

（六）人民法院认为不宜公开的其他信息。

按照本条第一款删除信息影响对裁判文书正确理解的，用符号“×”作部分替代。

## ● *国家标准*

**9.《信息安全技术 个人信息安全规范》**（2020 年 3 月 6 日 GB/T 35273－2020）

3.1 人信息 personal information

以电子或者其他方式记录的能够单独或者与其他信息结合识别特定自然人身份或者反映特定自然人活动情况的各种信息。

注 1：个人信息包括姓名、出生日期、身份证件号码、个人生物识别信息、住址、通信通讯联系方式、通信记录和内容、账号密码、财产信息、征信信息、行踪轨迹、住宿信息、健康生理信息、交易信息等。

注 2：关于个人信息的判定方法和类型参见附录 A。

注 3：个人信息控制者通过个人信息或其他信息加工处理后形成的信息，例如，用户画像或特征标签，能够单独或者与其他信息结合识别特定自然人身份或者反映特定自然人活动情况的，属于个人信息。

3.2 个人敏感信息 personal sensitive information

一旦泄露、非法提供或滥用可能危害人身和财产安全，极易导致个人名誉、身心健康受到损害或歧视性待遇等的个人信息。

注 1：个人敏感信息包括身份证件号码、个人生物识别信息、银行账户、通信记录和内容、财产信息、征信信息、行踪轨迹、住宿信息、健康生理信息、交易信息、14 岁以下（含）儿童的个人信息等。

注 2：关于个人敏感信息的判定方法和类型参见附录 B。

注 3：个人信息控制者通过个人信息或其他信息加工处理后形成的信息，如一旦泄露、非法提供或滥用可能危害人身和财产安全，极易导致个人名誉、身心健康受到损害或歧视性待遇等的，属于个人敏感信息。

3.3 个人信息主体 personal information subject

个人信息所标识或者关联的自然人。

3.4 个人信息控制者 personal information controller

有能力决定个人信息处理目的、方式等的组织或个人。

3.5 收集 collect

获得个人信息的控制权的行为。

注 1：包括由个人信息主体主动提供、通过与个人信息主体交互或记录个人信息主体行为等自动采集行为，以及通过共享、转让、搜集公开信息等间接获取个人信息等行为。

注 2：如果产品或服务的提供者提供工具供个人信息主体使用，提供者不对个人信息进行访问的，则不属于本标准所称的收集。例如，离线导航软件在终端获取个人信息主体位置信息后，如果不回传至软件提供者，则不属于个人信息主体位置信息的收集。

## 第五条 【个人信息处理原则】

处理个人信息应当遵循合法、正当、必要和诚信原则，不得通过误导、欺诈、胁迫等方式处理个人信息。

### ● 法 律

**1.《中华人民共和国网络安全法》**（2016 年 11 月 7 日）

**第 9 条** 网络运营者开展经营和服务活动，必须遵守法律、行政法规，尊重社会公德，遵守商业道德，诚实信用，履行网络安全保护义务，接受政府和社会的监督，承担社会责任。

**第 41 条** 网络运营者收集、使用个人信息，应当遵循合法、正当、必要的原则，公开收集、使用规则，明示收集、使用信息的目的、方式和范围，并经被收集者同意。

网络运营者不得收集与其提供的服务无关的个人信息，不得违反法律、行政法规的规定和双方的约定收集、使用个人信息，并应当依照法律、行政法规的规定和与用户的约定，处理其保存的个人信息。

**2.《中华人民共和国数据安全法》**（2021 年 6 月 10 日）

**第 28 条** 开展数据处理活动以及研究开发数据新技术，应当有利于促进经济社会发展，增进人民福祉，符合社会公德和伦理。

**第 32 条** 任何组织、个人收集数据，应当采取合法、正当的方式，不得窃取或者以其他非法方式获取数据。

法律、行政法规对收集、使用数据的目的、范围有规定的，应当在法律、行政法规规定的目的和范围内收集、使用数据。

**第 51 条** 窃取或者以其他非法方式获取数据，开展数据处理活动排除、限制竞争，或者损害个人、组织合法权益的，依照有关法律、行政法规的规定处罚。

**3.《中华人民共和国民法典》**（2020 年 5 月 28 日）

**第 1035 条** 处理个人信息的，应当遵循合法、正当、必要原则，不得过度处理，并符合下列条件：

（一）征得该自然人或者其监护人同意，但是法律、行政法规另有规定的除外；

（二）公开处理信息的规则；

（三）明示处理信息的目的、方式和范围；

（四）不违反法律、行政法规的规定和双方的约定。

个人信息的处理包括个人信息的收集、存储、使用、加工、传输、提供、公开等。

4.《中华人民共和国电子商务法》（2018年8月31日）

**第5条** 电子商务经营者从事经营活动，应当遵循自愿、平等、公平、诚信的原则，遵守法律和商业道德，公平参与市场竞争，履行消费者权益保护、环境保护、知识产权保护、网络安全与个人信息保护等方面的义务，承担产品和服务质量责任，接受政府和社会的监督。

5.《中华人民共和国消费者权益保护法》（2013年10月25日）

**第29条** 经营者收集、使用消费者个人信息，应当遵循合法、正当、必要的原则，明示收集、使用信息的目的、方式和范围，并经消费者同意。经营者收集、使用消费者个人信息，应当公开其收集、使用规则，不得违反法律、法规的规定和双方的约定收集、使用信息。

经营者及其工作人员对收集的消费者个人信息必须严格保密，不得泄露、出售或者非法向他人提供。经营者应当采取技术措施和其他必要措施，确保信息安全，防止消费者个人信息泄露、丢失。在发生或者可能发生信息泄露、丢失的情况时，应当立即采取补救措施。

经营者未经消费者同意或者请求，或者消费者明确表示拒绝的，不得向其发送商业性信息。

6.《中华人民共和国未成年人保护法》（2020年10月17日）

**第72条** 信息处理者通过网络处理未成年人个人信息的，应当遵循合法、正当和必要的原则。处理不满十四周岁未成年人个人信息的，应当征得未成年人的父母或者其他监护人同意，但法律、行政法规另有规定的除外。

未成年人、父母或者其他监护人要求信息处理者更正、删除未成年人个人信息的，信息处理者应当及时采取措施予以更正、删除，但法律、行政法规另有规定的除外。

**7.《全国人民代表大会常务委员会关于加强网络信息保护的决定》**（2012年12月28日）

**二、**网络服务提供者和其他企业事业单位在业务活动中收集、使用公民个人电子信息，应当遵循合法、正当、必要的原则，明示收集、使用信息的目的、方式和范围，并经被收集者同意，不得违反法律、法规的规定和双方的约定收集、使用信息。

网络服务提供者和其他企业事业单位收集、使用公民个人电子信息，应当公开其收集、使用规则。

## ● *部门规章及文件*

**8.《电信和互联网用户个人信息保护规定》**（2013年7月16日）

**第5条** 电信业务经营者、互联网信息服务提供者在提供服务的过程中收集、使用用户个人信息，应当遵循合法、正当、必要的原则。

**9.《网络交易监督管理办法》**（2021年3月15日）

**第3条** 网络交易经营者从事经营活动，应当遵循自愿、平等、公平、诚信原则，遵守法律、法规、规章和商业道德、公序良俗，公平参与市场竞争，认真履行法定义务，积极承担主体责任，接受社会各界监督。

**第12条** 网络交易经营者应当在其网站首页或者从事经营活动的主页面显著位置，持续公示经营者主体信息或者该信息的链接标识。鼓励网络交易经营者链接到国家市场监督管理总局电子营业执照亮照系统，公示其营业执照信息。

已经办理市场主体登记的网络交易经营者应当如实公示下列营业执照信息以及与其经营业务有关的行政许可等信息，或者该信息的链接标识：

（一）企业应当公示其营业执照登载的统一社会信用代码、名称、企业类型、法定代表人（负责人）、住所、注册资本（出资额）等信息；

（二）个体工商户应当公示其营业执照登载的统一社会信用代码、名称、经营者姓名、经营场所、组成形式等信息；

（三）农民专业合作社、农民专业合作社联合社应当公示其营业执照登载的统一社会信用代码、名称、法定代表人、住所、成员出资总额等信息。

依照《中华人民共和国电子商务法》第十条规定不需要进行登记的经

营者应当根据自身实际经营活动类型，如实公示以下自我声明以及实际经营地址、联系方式等信息，或者该信息的链接标识：

（一）“个人销售自产农副产品，依法不需要办理市场主体登记”；

（二）“个人销售家庭手工业产品，依法不需要办理市场主体登记”；

（三）“个人利用自己的技能从事依法无须取得许可的便民劳务活动，依法不需要办理市场主体登记”；

（四）“个人从事零星小额交易活动，依法不需要办理市场主体登记”。

网络交易经营者公示的信息发生变更的，应当在十个工作日内完成更新公示。

**第13条** 网络交易经营者收集、使用消费者个人信息，应当遵循合法、正当、必要的原则，明示收集、使用信息的目的、方式和范围，并经消费者同意。网络交易经营者收集、使用消费者个人信息，应当公开其收集、使用规则，不得违反法律、法规的规定和双方的约定收集、使用信息。

网络交易经营者不得采用一次概括授权、默认授权、与其他授权捆绑、停止安装使用等方式，强迫或者变相强迫消费者同意收集、使用与经营活动无直接关系的信息。收集、使用个人生物特征、医疗健康、金融账户、个人行踪等敏感信息的，应当逐项取得消费者同意。

网络交易经营者及其工作人员应当对收集的个人信息严格保密，除依法配合监管执法活动外，未经被收集者授权同意，不得向包括关联方在内的任何第三方提供。

**10.《互联网保险业务监管办法》**（2020年12月7日）

**第38条** 保险机构应承担客户信息保护的主体责任，收集、处理及使用个人信息应遵循合法、正当、必要的原则，保证信息收集、处理及使用的安全性和合法性：

（一）建立客户信息保护制度，明确数据安全责任人，构建覆盖全生命周期的客户信息保护体系，防范信息泄露。

（二）督促提供技术支持、客户服务等服务的合作机构建立有效的客户信息保护制度，在合作协议中明确约定客户信息保护责任，保障客户信息安全，明确约定合作机构不得限制保险机构获取客户投保信息，不得限制保险机构获取能够验证客户真实身份的相关信息。

（三）保险机构收集、处理及使用个人信息，应征得客户同意，获得客户授权。未经客户同意或授权，保险机构不得将客户信息用于所提供保险服务之外的用途，法律法规另有规定的除外。

11. **《侵害消费者权益行为处罚办法》**（2020年10月23日）

**第11条** 经营者收集、使用消费者个人信息，应当遵循合法、正当、必要的原则，明示收集、使用信息的目的、方式和范围，并经消费者同意。经营者不得有下列行为：

（一）未经消费者同意，收集、使用消费者个人信息；

（二）泄露、出售或者非法向他人提供所收集的消费者个人信息；

（三）未经消费者同意或者请求，或者消费者明确表示拒绝，向其发送商业性信息。

前款中的消费者个人信息是指经营者在提供商品或者服务活动中收集的消费者姓名、性别、职业、出生日期、身份证件号码、住址、联系方式、收入和财产状况、健康状况、消费情况等能够单独或者与其他信息结合识别消费者的信息。

● ***司法解释及文件***

12. **《最高人民法院、最高人民检察院关于办理侵犯公民个人信息刑事案件适用法律若干问题的解释》**（2017年5月8日）

**第4条** 违反国家有关规定，通过购买、收受、交换等方式获取公民个人信息，或者在履行职责、提供服务过程中收集公民个人信息的，属于刑法第二百五十三条之一第三款规定的“以其他方法非法获取公民个人信息”。

● ***国家标准***

13. **《信息安全技术 个人信息安全规范》**（2020年3月6日 GB/T 35273-2020）

4 个人信息安全基本原则

个人信息控制者开展个人信息处理活动应遵循合法、正当、必要的原则，具体包括：

a）权责一致——采取技术和其他必要的措施保障个人信息的安全，对其个人信息处理活动对个人信息主体合法权益造成的损害承担责任；

b）目的明确——具有明确、清晰、具体的个人信息处理目的；

c）选择同意——向个人信息主体明示个人信息处理目的、方式、范围等规则，征求其授权同意；

d）最小必要——只处理满足个人信息主体授权同意的目的所需的最少个人信息类型和数量。目的达成后，应及时删除个人信息；

e）公开透明——以明确、易懂和合理的方式公开处理个人信息的范围、目的、规则等，并接受外部监督；

f）确保安全——具备与所面临的安全风险相匹配的安全能力，并采取足够的管理措施和技术手段，保护个人信息的保密性、完整性、可用性；

g）主体参与——向个人信息主体提供能够查询、更正、删除其个人信息，以及撤回授权同意、注销账户、投诉等方法。

5　个人信息的收集

5.1 收集个人信息的合法性

对个人信息控制者的要求包括：

a）不应以欺诈、诱骗、误导的方式收集个人信息；

b）不应隐瞒产品或服务所具有的收集个人信息的功能；

c）不应从非法渠道获取个人信息。

## 第六条　**【必要性要求】**

**处理个人信息应当具有明确、合理的目的，并应当与处理目的直接相关，采取对个人权益影响最小的方式。**

**收集个人信息，应当限于实现处理目的的最小范围，不得过度收集个人信息。**

### ● 法　律

**1.《中华人民共和国网络安全法》**（2016 年 11 月 7 日）

**第 22 条**　网络产品、服务应当符合相关国家标准的强制性要求。网络产品、服务的提供者不得设置恶意程序；发现其网络产品、服务存在安全缺陷、漏洞等风险时，应当立即采取补救措施，按照规定及时告知用户并向有关主管部门报告。

网络产品、服务的提供者应当为其产品、服务持续提供安全维护；在规定或者当事人约定的期限内，不得终止提供安全维护。

网络产品、服务具有收集用户信息功能的，其提供者应当向用户明示并取得同意；涉及用户个人信息的，还应当遵守本法和有关法律、行政法规关于个人信息保护的规定。

**第30条** 网信部门和有关部门在履行网络安全保护职责中获取的信息，只能用于维护网络安全的需要，不得用于其他用途。

**第41条** 网络运营者收集、使用个人信息，应当遵循合法、正当、必要的原则，公开收集、使用规则，明示收集、使用信息的目的、方式和范围，并经被收集者同意。

网络运营者不得收集与其提供的服务无关的个人信息，不得违反法律、行政法规的规定和双方的约定收集、使用个人信息，并应当依照法律、行政法规的规定和与用户的约定，处理其保存的个人信息。

**第42条** 网络运营者不得泄露、篡改、毁损其收集的个人信息；未经被收集者同意，不得向他人提供个人信息。但是，经过处理无法识别特定个人且不能复原的除外。

网络运营者应当采取技术措施和其他必要措施，确保其收集的个人信息安全，防止信息泄露、毁损、丢失。在发生或者可能发生个人信息泄露、毁损、丢失的情况时，应当立即采取补救措施，按照规定及时告知用户并向有关主管部门报告。

2.**《中华人民共和国数据安全法》**（2021年6月10日）

**第32条** 任何组织、个人收集数据，应当采取合法、正当的方式，不得窃取或者以其他非法方式获取数据。

法律、行政法规对收集、使用数据的目的、范围有规定的，应当在法律、行政法规规定的目的和范围内收集、使用数据。

3.**《中华人民共和国民法典》**（2020年5月28日）

**第1035条** 处理个人信息的，应当遵循合法、正当、必要原则，不得过度处理，并符合下列条件：

（一）征得该自然人或者其监护人同意，但是法律、行政法规另有规定的除外；

（二）公开处理信息的规则；

（三）明示处理信息的目的、方式和范围；

（四）不违反法律、行政法规的规定和双方的约定。

个人信息的处理包括个人信息的收集、存储、使用、加工、传输、提供、公开等。

**4.《中华人民共和国消费者权益保护法》**（2013 年 10 月 25 日）

**第 29 条** 经营者收集、使用消费者个人信息，应当遵循合法、正当、必要的原则，明示收集、使用信息的目的、方式和范围，并经消费者同意。经营者收集、使用消费者个人信息，应当公开其收集、使用规则，不得违反法律、法规的规定和双方的约定收集、使用信息。

经营者及其工作人员对收集的消费者个人信息必须严格保密，不得泄露、出售或者非法向他人提供。经营者应当采取技术措施和其他必要措施，确保信息安全，防止消费者个人信息泄露、丢失。在发生或者可能发生信息泄露、丢失的情况时，应当立即采取补救措施。

经营者未经消费者同意或者请求，或者消费者明确表示拒绝的，不得向其发送商业性信息。

**5.《全国人民代表大会常务委员会关于加强网络信息保护的决定》**（2012 年 12 月 28 日）

**二、**网络服务提供者和其他企业事业单位在业务活动中收集、使用公民个人电子信息，应当遵循合法、正当、必要的原则，明示收集、使用信息的目的、方式和范围，并经被收集者同意，不得违反法律、法规的规定和双方的约定收集、使用信息。

网络服务提供者和其他企业事业单位收集、使用公民个人电子信息，应当公开其收集、使用规则。

### ● 部门规章及文件

**6.《电信和互联网用户个人信息保护规定》**（2013 年 7 月 16 日）

**第 9 条** 未经用户同意，电信业务经营者、互联网信息服务提供者不得收集、使用用户个人信息。

电信业务经营者、互联网信息服务提供者收集、使用用户个人信息的，应当明确告知用户收集、使用信息的目的、方式和范围，查询、更正信息的渠道以及拒绝提供信息的后果等事项。

电信业务经营者、互联网信息服务提供者不得收集其提供服务所必需以外的用户个人信息或者将信息用于提供服务之外的目的，不得以欺骗、误导或者强迫等方式或者违反法律、行政法规以及双方的约定收集、使用信息。

电信业务经营者、互联网信息服务提供者在用户终止使用电信服务或者互联网信息服务后，应当停止对用户个人信息的收集和使用，并为用户提供注销号码或者账号的服务。

法律、行政法规对本条第一款至第四款规定的情形另有规定的，从其规定。

7. **《网络交易监督管理办法》**（2021 年 3 月 15 日）

**第 13 条** 网络交易经营者收集、使用消费者个人信息，应当遵循合法、正当、必要的原则，明示收集、使用信息的目的、方式和范围，并经消费者同意。网络交易经营者收集、使用消费者个人信息，应当公开其收集、使用规则，不得违反法律、法规的规定和双方的约定收集、使用信息。

网络交易经营者不得采用一次概括授权、默认授权、与其他授权捆绑、停止安装使用等方式，强迫或者变相强迫消费者同意收集、使用与经营活动无直接关系的信息。收集、使用个人生物特征、医疗健康、金融账户、个人行踪等敏感信息的，应当逐项取得消费者同意。

网络交易经营者及其工作人员应当对收集的个人信息严格保密，除依法配合监管执法活动外，未经被收集者授权同意，不得向包括关联方在内的任何第三方提供。

8. **《中国人民银行金融消费者权益保护实施办法》**（2020 年 9 月 15 日）

**第 29 条** 银行、支付机构处理消费者金融信息，应当遵循合法、正当、必要原则，经金融消费者或者其监护人明示同意，但是法律、行政法规另有规定的除外。银行、支付机构不得收集与业务无关的消费者金融信息，不得采取不正当方式收集消费者金融信息，不得变相强制收集消费者金融信息。银行、支付机构不得以金融消费者不同意处理其金融信息为由拒绝提供金融产品或者服务，但处理其金融信息属于提供金融产品或者服务所必需的除外。

金融消费者不能或者拒绝提供必要信息，致使银行、支付机构无法履行反洗钱义务的，银行、支付机构可以根据《中华人民共和国反洗钱法》的相关规定对其金融活动采取限制性措施；确有必要时，银行、支付机构可以依法拒绝提供金融产品或者服务。

**第31条** 银行、支付机构应当履行《中华人民共和国消费者权益保护法》第二十九条规定的明示义务，公开收集、使用消费者金融信息的规则，明示收集、使用消费者金融信息的目的、方式和范围，并留存有关证明资料。

银行、支付机构通过格式条款取得消费者金融信息收集、使用同意的，应当在格式条款中明确收集消费者金融信息的目的、方式、内容和使用范围，并在协议中以显著方式尽可能通俗易懂地向金融消费者提示该同意的可能后果。

**第32条** 银行、支付机构应当按照法律法规的规定和双方约定的用途使用消费者金融信息，不得超出范围使用。

**9.《侵害消费者权益行为处罚办法》**（2020年10月23日）

**第11条** 经营者收集、使用消费者个人信息，应当遵循合法、正当、必要的原则，明示收集、使用信息的目的、方式和范围，并经消费者同意。经营者不得有下列行为：

（一）未经消费者同意，收集、使用消费者个人信息；

（二）泄露、出售或者非法向他人提供所收集的消费者个人信息；

（三）未经消费者同意或者请求，或者消费者明确表示拒绝，向其发送商业性信息。

前款中的消费者个人信息是指经营者在提供商品或者服务活动中收集的消费者姓名、性别、职业、出生日期、身份证件号码、住址、联系方式、收入和财产状况、健康状况、消费情况等能够单独或者与其他信息结合识别消费者的信息。

**10.《规范互联网信息服务市场秩序若干规定》**（2011年12月29日）

**第11条** 未经用户同意，互联网信息服务提供者不得收集与用户相关、能够单独或者与其他信息结合识别用户的信息（以下简称“用户个人信息”），不得将用户个人信息提供给他人，但是法律、行政法规另有规定的除外。

互联网信息服务提供者经用户同意收集用户个人信息的，应当明确告知用户收集和处理用户个人信息的方式、内容和用途，不得收集其提供服务所必需以外的信息，不得将用户个人信息用于其提供服务之外的目的。

11. **《儿童个人信息网络保护规定》**（2019 年 8 月 22 日）

**第 20 条** 儿童或者其监护人要求网络运营者删除其收集、存储、使用、披露的儿童个人信息的，网络运营者应当及时采取措施予以删除，包括但不限于以下情形：

（一）网络运营者违反法律、行政法规的规定或者双方的约定收集、存储、使用、转移、披露儿童个人信息的；

（二）超出目的范围或者必要期限收集、存储、使用、转移、披露儿童个人信息的；

（三）儿童监护人撤回同意的；

（四）儿童或者其监护人通过注销等方式终止使用产品或者服务的。

12. **《App 违法违规收集使用个人信息行为认定方法》**（2019 年 11 月 28 日）

四、以下行为可被认定为“违反必要原则，收集与其提供的服务无关的个人信息”

1. 收集的个人信息类型或打开的可收集个人信息权限与现有业务功能无关；

2. 因用户不同意收集非必要个人信息或打开非必要权限，拒绝提供业务功能；

3. App 新增业务功能申请收集的个人信息超出用户原有同意范围，若用户不同意，则拒绝提供原有业务功能，新增业务功能取代原有业务功能的除外；

4. 收集个人信息的频度等超出业务功能实际需要；

5. 仅以改善服务质量、提升用户体验、定向推送信息、研发新产品等为由，强制要求用户同意收集个人信息；

6. 要求用户一次性同意打开多个可收集个人信息的权限，用户不同意则无法使用。

● *司法解释及文件*

13. **《最高人民法院关于审理使用人脸识别技术处理个人信息相关民事案件适用法律若干问题的规定》**（2021 年 7 月 27 日）

**第 2 条** 信息处理者处理人脸信息有下列情形之一的，人民法院应当认定属于侵害自然人人格权益的行为：

（一）在宾馆、商场、银行、车站、机场、体育场馆、娱乐场所等经营场所、公共场所违反法律、行政法规的规定使用人脸识别技术进行人脸验证、辨识或者分析；

（二）未公开处理人脸信息的规则或者未明示处理的目的、方式、范围；

（三）基于个人同意处理人脸信息的，未征得自然人或者其监护人的单独同意，或者未按照法律、行政法规的规定征得自然人或者其监护人的书面同意；

（四）违反信息处理者明示或者双方约定的处理人脸信息的目的、方式、范围等；

（五）未采取应有的技术措施或者其他必要措施确保其收集、存储的人脸信息安全，致使人脸信息泄露、篡改、丢失；

（六）违反法律、行政法规的规定或者双方的约定，向他人提供人脸信息；

（七）违背公序良俗处理人脸信息；

（八）违反合法、正当、必要原则处理人脸信息的其他情形。

**14.《最高人民法院关于审理利用信息网络侵害人身权益民事纠纷案件适用法律若干问题的规定》**（2020年12月29日）

**第6条** 人民法院依据民法典第一千一百九十七条认定网络服务提供者是否“知道或者应当知道”，应当综合考虑下列因素：

（一）网络服务提供者是否以人工或者自动方式对侵权网络信息以推荐、排名、选择、编辑、整理、修改等方式作出处理；

（二）网络服务提供者应当具备的管理信息的能力，以及所提供服务的性质、方式及其引发侵权的可能性大小；

（三）该网络信息侵害人身权益的类型及明显程度；

（四）该网络信息的社会影响程度或者一定时间内的浏览量；

（五）网络服务提供者采取预防侵权措施的技术可能性及其是否采取了相应的合理措施；

（六）网络服务提供者是否针对同一网络用户的重复侵权行为或者同一侵权信息采取了相应的合理措施；

（七）与本案相关的其他因素。

● *国家标准*

15. **《信息安全技术 个人信息安全规范》**（2020 年 3 月 6 日 GB/T 35273 - 2020）

5.2 收集个人信息的最小必要

对个人信息控制者的要求包括：

a）收集的个人信息的类型应与实现产品或服务的业务功能有直接关联；直接关联是指没有上述个人信息的参与，产品或服务的功能无法实现；

b）自动采集个人信息的频率应是实现产品或服务的业务功能所必需的最低频率；

c）间接获取个人信息的数量应是实现产品或服务的业务功能所必需的最少数量。

## 第七条 【公开透明原则】

处理个人信息应当遵循公开、透明原则，公开个人信息处理规则，明示处理的目的、方式和范围。

● *法　律*

1. **《中华人民共和国网络安全法》**（2016 年 11 月 7 日）

**第 41 条** 网络运营者收集、使用个人信息，应当遵循合法、正当、必要的原则，公开收集、使用规则，明示收集、使用信息的目的、方式和范围，并经被收集者同意。

网络运营者不得收集与其提供的服务无关的个人信息，不得违反法律、行政法规的规定和双方的约定收集、使用个人信息，并应当依照法律、行政法规的规定和与用户的约定，处理其保存的个人信息。

2. **《中华人民共和国民法典》**（2020 年 5 月 28 日）

**第 1035 条** 处理个人信息的，应当遵循合法、正当、必要原则，不得过度处理，并符合下列条件：

（一）征得该自然人或者其监护人同意，但是法律、行政法规另有规定的除外；

（二）公开处理信息的规则；

（三）明示处理信息的目的、方式和范围；

（四）不违反法律、行政法规的规定和双方的约定。

个人信息的处理包括个人信息的收集、存储、使用、加工、传输、提供、公开等。

**3.《中华人民共和国消费者权益保护法》**（2013 年 10 月 25 日）

**第 29 条第 1 款** 经营者收集、使用消费者个人信息，应当遵循合法、正当、必要的原则，明示收集、使用信息的目的、方式和范围，并经消费者同意。经营者收集、使用消费者个人信息，应当公开其收集、使用规则，不得违反法律、法规的规定和双方的约定收集、使用信息。

**4.《中华人民共和国电子商务法》**（2018 年 8 月 31 日）

**第 32 条** 电子商务平台经营者应当遵循公开、公平、公正的原则，制定平台服务协议和交易规则，明确进入和退出平台、商品和服务质量保障、消费者权益保护、个人信息保护等方面的权利和义务。

**5.《中华人民共和国未成年人保护法》**（2020 年 10 月 17 日）

**第 72 条** 信息处理者通过网络处理未成年人个人信息的，应当遵循合法、正当和必要的原则。处理不满十四周岁未成年人个人信息的，应当征得未成年人的父母或者其他监护人同意，但法律、行政法规另有规定的除外。

未成年人、父母或者其他监护人要求信息处理者更正、删除未成年人个人信息的，信息处理者应当及时采取措施予以更正、删除，但法律、行政法规另有规定的除外。

**6.《全国人民代表大会常务委员会关于加强网络信息保护的决定》**（2012 年 12 月 28 日）

**二、**网络服务提供者和其他企业事业单位在业务活动中收集、使用公民个人电子信息，应当遵循合法、正当、必要的原则，明示收集、使用信息的目的、方式和范围，并经被收集者同意，不得违反法律、法规的规定和双方的约定收集、使用信息。

网络服务提供者和其他企业事业单位收集、使用公民个人电子信息，应当公开其收集、使用规则。

● *部门规章及文件*

**7.《网络交易监督管理办法》**（2021年3月15日）

**第13条** 网络交易经营者收集、使用消费者个人信息，应当遵循合法、正当、必要的原则，明示收集、使用信息的目的、方式和范围，并经消费者同意。网络交易经营者收集、使用消费者个人信息，应当公开其收集、使用规则，不得违反法律、法规的规定和双方的约定收集、使用信息。

网络交易经营者不得采用一次概括授权、默认授权、与其他授权捆绑、停止安装使用等方式，强迫或者变相强迫消费者同意收集、使用与经营活动无直接关系的信息。收集、使用个人生物特征、医疗健康、金融账户、个人行踪等敏感信息的，应当逐项取得消费者同意。

网络交易经营者及其工作人员应当对收集的个人信息严格保密，除依法配合监管执法活动外，未经被收集者授权同意，不得向包括关联方在内的任何第三方提供。

**8.《电信和互联网用户个人信息保护规定》**（2013年7月16日）

**第8条** 电信业务经营者、互联网信息服务提供者应当制定用户个人信息收集、使用规则，并在其经营或者服务场所、网站等予以公布。

**9.《App违法违规收集使用个人信息行为认定方法》**（2019年11月28日）

一、以下行为可被认定为“未公开收集使用规则”

1. 在App中没有隐私政策，或者隐私政策中没有收集使用个人信息规则；

2. 在App首次运行时未通过弹窗等明显方式提示用户阅读隐私政策等收集使用规则；

3. 隐私政策等收集使用规则难以访问，如进入App主界面后，需多于4次点击等操作才能访问到；

4. 隐私政策等收集使用规则难以阅读，如文字过小过密、颜色过淡、模糊不清，或未提供简体中文版等。

● *司法解释及文件*

**10.《最高人民法院关于审理使用人脸识别技术处理个人信息相关民事案件适用法律若干问题的规定》**（2021年7月27日）

**第2条** 信息处理者处理人脸信息有下列情形之一的，人民法院应当认定属于侵害自然人人格权益的行为：

（一）在宾馆、商场、银行、车站、机场、体育场馆、娱乐场所等经营场所、公共场所违反法律、行政法规的规定使用人脸识别技术进行人脸验证、辨识或者分析；

（二）未公开处理人脸信息的规则或者未明示处理的目的、方式、范围；

（三）基于个人同意处理人脸信息的，未征得自然人或者其监护人的单独同意，或者未按照法律、行政法规的规定征得自然人或者其监护人的书面同意；

（四）违反信息处理者明示或者双方约定的处理人脸信息的目的、方式、范围等；

（五）未采取应有的技术措施或者其他必要措施确保其收集、存储的人脸信息安全，致使人脸信息泄露、篡改、丢失；

（六）违反法律、行政法规的规定或者双方的约定，向他人提供人脸信息；

（七）违背公序良俗处理人脸信息；

（八）违反合法、正当、必要原则处理人脸信息的其他情形。

## ● 国家标准

**11.《信息安全技术 个人信息安全规范》**（2020年3月6日　GB/T 35273－2020）

4　个人信息安全基本原则

个人信息控制者开展个人信息处理活动应遵循合法、正当、必要的原则，具体包括：

a）权责一致——采取技术和其他必要的措施保障个人信息的安全，对其个人信息处理活动对个人信息主体合法权益造成的损害承担责任；

b）目的明确——具有明确、清晰、具体的个人信息处理目的；

c）选择同意——向个人信息主体明示个人信息处理目的、方式、范围等规则，征求其授权同意；

d）最小必要——只处理满足个人信息主体授权同意的目的所需的最少个人信息类型和数量。目的达成后，应及时删除个人信息；

e）公开透明——以明确、易懂和合理的方式公开处理个人信息的范围、目的、规则等，并接受外部监督；

f）确保安全——具备与所面临的安全风险相匹配的安全能力，并采取足够的管理措施和技术手段，保护个人信息的保密性、完整性、可用性；

g）主体参与——向个人信息主体提供能够查询、更正、删除其个人信息，以及撤回授权同意、注销账户、投诉等方法。

5 个人信息的收集

5.1 收集个人信息的合法性

对个人信息控制者的要求包括：

a）不应以欺诈、诱骗、误导的方式收集个人信息；

b）不应隐瞒产品或服务所具有的收集个人信息的功能；

c）不应从非法渠道获取个人信息。

## 第八条 【准确性原则】

处理个人信息应当保证个人信息的质量，避免因个人信息不准确、不完整对个人权益造成不利影响。

### ●法 律

**1.《中华人民共和国网络安全法》**（2016年11月7日）

**第43条** 个人发现网络运营者违反法律、行政法规的规定或者双方的约定收集、使用其个人信息的，有权要求网络运营者删除其个人信息；发现网络运营者收集、存储的其个人信息有错误的，有权要求网络运营者予以更正。网络运营者应当采取措施予以删除或者更正。

**2.《中华人民共和国民法典》**（2020年5月28日）

**第1037条** 自然人可以依法向信息处理者查阅或者复制其个人信息；发现信息有错误的，有权提出异议并请求及时采取更正等必要措施。

自然人发现信息处理者违反法律、行政法规的规定或者双方的约定处理其个人信息的，有权请求信息处理者及时删除。

**3.《中华人民共和国居民身份证法》**（2011年10月29日）

**第11条** 国家决定换发新一代居民身份证、居民身份证有效期满、公民姓名变更或者证件严重损坏不能辨认的，公民应当换领新证；居民身份证登记项目出现错误的，公安机关应当及时更正，换发新证；领取新证时，必须交回原证。居民身份证丢失的，应当申请补领。

未满十六周岁公民的居民身份证有前款情形的，可以申请换领、换发或者补领新证。

公民办理常住户口迁移手续时，公安机关应当在居民身份证的机读项目中记载公民常住户口所在地住址变动的情况，并告知本人。

**4.《中华人民共和国未成年人保护法》**（2020年10月17日）

**第72条第2款** 未成年人、父母或者其他监护人要求信息处理者更正、删除未成年人个人信息的，信息处理者应当及时采取措施予以更正、删除，但法律、行政法规另有规定的除外。

● ***行政法规及文件***

**5.《中华人民共和国政府信息公开条例》**（2019年4月3日）

**第41条** 公民、法人或者其他组织有证据证明行政机关提供的与其自身相关的政府信息记录不准确的，可以要求行政机关更正。有权更正的行政机关审核属实的，应当予以更正并告知申请人；不属于本行政机关职能范围的，行政机关可以转送有权更正的行政机关处理并告知申请人，或者告知申请人向有权更正的行政机关提出。

**6.《征信业管理条例》**（2013年1月21日）

**第23条** 征信机构应当采取合理措施，保障其提供信息的准确性。

征信机构提供的信息供信息使用者参考。

**第25条** 信息主体认为征信机构采集、保存、提供的信息存在错误、遗漏的，有权向征信机构或者信息提供者提出异议，要求更正。

征信机构或者信息提供者收到异议，应当按照国务院征信业监督管理部门的规定对相关信息作出存在异议的标注，自收到异议之日起20日内进行核查和处理，并将结果书面答复异议人。

经核查，确认相关信息确有错误、遗漏的，信息提供者、征信机构应当予以更正；确认不存在错误、遗漏的，应当取消异议标注；经核查仍不能确认的，对核查情况和异议内容应当予以记载。

● *部门规章及文件*

7.**《个人信用信息基础数据库管理暂行办法》**（2005年8月18日）

**第6条** 商业银行应当遵守中国人民银行发布的个人信用数据库标准及其有关要求，准确、完整、及时地向个人信用数据库报送个人信用信息。

## 第九条 【个人信息处理者的安全保障责任】

个人信息处理者应当对其个人信息处理活动负责，并采取必要措施保障所处理的个人信息的安全。

● **法 律**

1.**《中华人民共和国网络安全法》**（2016年11月7日）

**第5条** 国家采取措施，监测、防御、处置来源于中华人民共和国境内外的网络安全风险和威胁，保护关键信息基础设施免受攻击、侵入、干扰和破坏，依法惩治网络违法犯罪活动，维护网络空间安全和秩序。

**第8条** 国家网信部门负责统筹协调网络安全工作和相关监督管理工作。国务院电信主管部门、公安部门和其他有关机关依照本法和有关法律、行政法规的规定，在各自职责范围内负责网络安全保护和监督管理工作。

县级以上地方人民政府有关部门的网络安全保护和监督管理职责，按照国家有关规定确定。

**第10条** 建设、运营网络或者通过网络提供服务，应当依照法律、行政法规的规定和国家标准的强制性要求，采取技术措施和其他必要措施，保障网络安全、稳定运行，有效应对网络安全事件，防范网络违法犯罪活动，维护网络数据的完整性、保密性和可用性。

**第42条** 网络运营者不得泄露、篡改、毁损其收集的个人信息；未经被收集者同意，不得向他人提供个人信息。但是，经过处理无法识别特定个人且不能复原的除外。

网络运营者应当采取技术措施和其他必要措施，确保其收集的个人信息安全，防止信息泄露、毁损、丢失。在发生或者可能发生个人信息泄露、毁损、丢失的情况时，应当立即采取补救措施，按照规定及时告知用户并向有关主管部门报告。

2.《中华人民共和国数据安全法》（2021 年 6 月 10 日）

**第 27 条** 开展数据处理活动应当依照法律、法规的规定，建立健全全流程数据安全管理制度，组织开展数据安全教育培训，采取相应的技术措施和其他必要措施，保障数据安全。利用互联网等信息网络开展数据处理活动，应当在网络安全等级保护制度的基础上，履行上述数据安全保护义务。

重要数据的处理者应当明确数据安全负责人和管理机构，落实数据安全保护责任。

3.《中华人民共和国民法典》（2020 年 5 月 28 日）

**第 1038 条** 信息处理者不得泄露或者篡改其收集、存储的个人信息；未经自然人同意，不得向他人非法提供其个人信息，但是经过加工无法识别特定个人且不能复原的除外。

信息处理者应当采取技术措施和其他必要措施，确保其收集、存储的个人信息安全，防止信息泄露、篡改、丢失；发生或者可能发生个人信息泄露、篡改、丢失的，应当及时采取补救措施，按照规定告知自然人并向有关主管部门报告。

4.《中华人民共和国未成年人保护法》（2020 年 10 月 17 日）

**第 72 条** 信息处理者通过网络处理未成年人个人信息的，应当遵循合法、正当和必要的原则。处理不满十四周岁未成年人个人信息的，应当征得未成年人的父母或者其他监护人同意，但法律、行政法规另有规定的除外。

未成年人、父母或者其他监护人要求信息处理者更正、删除未成年人个人信息的，信息处理者应当及时采取措施予以更正、删除，但法律、行政法规另有规定的除外。

**第 73 条** 网络服务提供者发现未成年人通过网络发布私密信息的，应当及时提示，并采取必要的保护措施。

5.《中华人民共和国电子商务法》（2018 年 8 月 31 日）

**第 9 条** 本法所称电子商务经营者，是指通过互联网等信息网络从事销售商品或者提供服务的经营活动的自然人、法人和非法人组织，包括电子商务平台经营者、平台内经营者以及通过自建网站、其他网络服务销售商品或者提供服务的电子商务经营者。

本法所称电子商务平台经营者，是指在电子商务中为交易双方或者多方提供网络经营场所、交易撮合、信息发布等服务，供交易双方或者多方独立开展交易活动的法人或者非法人组织。

本法所称平台内经营者，是指通过电子商务平台销售商品或者提供服务的电子商务经营者。

**第30条** 电子商务平台经营者应当采取技术措施和其他必要措施保证其网络安全、稳定运行，防范网络违法犯罪活动，有效应对网络安全事件，保障电子商务交易安全。

电子商务平台经营者应当制定网络安全事件应急预案，发生网络安全事件时，应当立即启动应急预案，采取相应的补救措施，并向有关主管部门报告。

6.**《全国人民代表大会常务委员会关于加强网络信息保护的决定》**（2012年12月28日）

**四、**网络服务提供者和其他企业事业单位应当采取技术措施和其他必要措施，确保信息安全，防止在业务活动中收集的公民个人电子信息泄露、毁损、丢失。在发生或者可能发生信息泄露、毁损、丢失的情况时，应当立即采取补救措施。

● ***部门规章及文件***

7.**《电信和互联网用户个人信息保护规定》**（2013年7月16日）

**第6条** 电信业务经营者、互联网信息服务提供者对其在提供服务过程中收集、使用的用户个人信息的安全负责。

**第13条** 电信业务经营者、互联网信息服务提供者应当采取以下措施防止用户个人信息泄露、毁损、篡改或者丢失：

（一）确定各部门、岗位和分支机构的用户个人信息安全管理责任；

（二）建立用户个人信息收集、使用及其相关活动的工作流程和安全管理制度；

（三）对工作人员及代理人实行权限管理，对批量导出、复制、销毁信息实行审查，并采取防泄密措施；

（四）妥善保管记录用户个人信息的纸介质、光介质、电磁介质等载体，并采取相应的安全储存措施；

（五）对储存用户个人信息的信息系统实行接入审查，并采取防入侵、

防病毒等措施;

(六)记录对用户个人信息进行操作的人员、时间、地点、事项等信息;

(七)按照电信管理机构的规定开展通信网络安全防护工作;

(八)电信管理机构规定的其他必要措施。

**8.《网络交易监督管理办法》**(2021年3月15日)

**第36条** 市场监督管理部门应当采取必要措施保护网络交易经营者提供的数据信息的安全,并对其中的个人信息、隐私和商业秘密严格保密。

### ● *司法解释及文件*

**9.《最高人民法院关于审理使用人脸识别技术处理个人信息相关民事案件适用法律若干问题的规定》**(2021年7月27日)

**第2条** 信息处理者处理人脸信息有下列情形之一的,人民法院应当认定属于侵害自然人人格权益的行为:

(一)在宾馆、商场、银行、车站、机场、体育场馆、娱乐场所等经营场所、公共场所违反法律、行政法规的规定使用人脸识别技术进行人脸验证、辨识或者分析;

(二)未公开处理人脸信息的规则或者未明示处理的目的、方式、范围;

(三)基于个人同意处理人脸信息的,未征得自然人或者其监护人的单独同意,或者未按照法律、行政法规的规定征得自然人或者其监护人的书面同意;

(四)违反信息处理者明示或者双方约定的处理人脸信息的目的、方式、范围等;

(五)未采取应有的技术措施或者其他必要措施确保其收集、存储的人脸信息安全,致使人脸信息泄露、篡改、丢失;

(六)违反法律、行政法规的规定或者双方的约定,向他人提供人脸信息;

(七)违背公序良俗处理人脸信息;

(八)违反合法、正当、必要原则处理人脸信息的其他情形。

## 第十条 【个人信息处理的禁止性规定】

任何组织、个人不得非法收集、使用、加工、传输他人个人信息，不得非法买卖、提供或者公开他人个人信息；不得从事危害国家安全、公共利益的个人信息处理活动。

### ● 宪 法

1. **《中华人民共和国宪法》**（2018 年 3 月 11 日）

**第 5 条** 中华人民共和国实行依法治国，建设社会主义法治国家。

国家维护社会主义法制的统一和尊严。

一切法律、行政法规和地方性法规都不得同宪法相抵触。

一切国家机关和武装力量、各政党和各社会团体、各企业事业组织都必须遵守宪法和法律。

一切违反宪法和法律的行为，必须予以追究。

任何组织或者个人都不得有超越宪法和法律的特权。

### ● 法 律

2. **《中华人民共和国网络安全法》**（2016 年 11 月 7 日）

**第 12 条** 国家保护公民、法人和其他组织依法使用网络的权利，促进网络接入普及，提升网络服务水平，为社会提供安全、便利的网络服务，保障网络信息依法有序自由流动。

任何个人和组织使用网络应当遵守宪法法律，遵守公共秩序，尊重社会公德，不得危害网络安全，不得利用网络从事危害国家安全、荣誉和利益，煽动颠覆国家政权、推翻社会主义制度，煽动分裂国家、破坏国家统一，宣扬恐怖主义、极端主义，宣扬民族仇恨、民族歧视，传播暴力、淫秽色情信息，编造、传播虚假信息扰乱经济秩序和社会秩序，以及侵害他人名誉、隐私、知识产权和其他合法权益等活动。

**第 27 条** 任何个人和组织不得从事非法侵入他人网络、干扰他人网络正常功能、窃取网络数据等危害网络安全的活动；不得提供专门用于从事侵入网络、干扰网络正常功能及防护措施、窃取网络数据等危害网络安全活动的程序、工具；明知他人从事危害网络安全的活动的，不得为其提供技术支持、广告推广、支付结算等帮助。

**第 41 条** 网络运营者收集、使用个人信息，应当遵循合法、正当、必要的原则，公开收集、使用规则，明示收集、使用信息的目的、方式和范围，并经被收集者同意。

网络运营者不得收集与其提供的服务无关的个人信息，不得违反法律、行政法规的规定和双方的约定收集、使用个人信息，并应当依照法律、行政法规的规定和与用户的约定，处理其保存的个人信息。

**第 44 条** 任何个人和组织不得窃取或者以其他非法方式获取个人信息，不得非法出售或者非法向他人提供个人信息。

**3.《中华人民共和国数据安全法》**（2021 年 6 月 10 日）

**第 8 条** 开展数据处理活动，应当遵守法律、法规，尊重社会公德和伦理，遵守商业道德和职业道德，诚实守信，履行数据安全保护义务，承担社会责任，不得危害国家安全、公共利益，不得损害个人、组织的合法权益。

**第 38 条** 国家机关为履行法定职责的需要收集、使用数据，应当在其履行法定职责的范围内依照法律、行政法规规定的条件和程序进行；对在履行职责中知悉的个人隐私、个人信息、商业秘密、保密商务信息等数据应当依法予以保密，不得泄露或者非法向他人提供。

**4.《中华人民共和国民法典》**（2020 年 5 月 28 日）

**第 111 条** 自然人的个人信息受法律保护。任何组织或者个人需要获取他人个人信息的，应当依法取得并确保信息安全，不得非法收集、使用、加工、传输他人个人信息，不得非法买卖、提供或者公开他人个人信息。

**5.《中华人民共和国消费者权益保护法》**（2013 年 10 月 25 日）

**第 29 条第 2 款** 经营者及其工作人员对收集的消费者个人信息必须严格保密，不得泄露、出售或者非法向他人提供。经营者应当采取技术措施和其他必要措施，确保信息安全，防止消费者个人信息泄露、丢失。在发生或者可能发生信息泄露、丢失的情况时，应当立即采取补救措施。

**6.《中华人民共和国国家安全法》**（2015 年 7 月 1 日）

**第 13 条** 国家机关工作人员在国家安全工作和涉及国家安全活动中，滥用职权、玩忽职守、徇私舞弊的，依法追究法律责任。

任何个人和组织违反本法和有关法律，不履行维护国家安全义务或者从事危害国家安全活动的，依法追究法律责任。

7.**《中华人民共和国密码法》**（2019 年 10 月 26 日）

**第 12 条** 任何组织或者个人不得窃取他人加密保护的信息或者非法侵入他人的密码保障系统。

任何组织或者个人不得利用密码从事危害国家安全、社会公共利益、他人合法权益等违法犯罪活动。

8.**《中华人民共和国反间谍法》**（2014 年 11 月 1 日）

**第 38 条** 本法所称间谍行为，是指下列行为：

（一）间谍组织及其代理人实施或者指使、资助他人实施，或者境内外机构、组织、个人与其相勾结实施的危害中华人民共和国国家安全的活动；

（二）参加间谍组织或者接受间谍组织及其代理人的任务的；

（三）间谍组织及其代理人以外的其他境外机构、组织、个人实施或者指使、资助他人实施，或者境内机构、组织、个人与其相勾结实施的窃取、刺探、收买或者非法提供国家秘密或者情报，或者策动、引诱、收买国家工作人员叛变的活动；

（四）为敌人指示攻击目标的；

（五）进行其他间谍活动的。

9.**《中华人民共和国刑法》**（2020 年 12 月 26 日）

**第 253 条** 邮政工作人员私自开拆或者隐匿、毁弃邮件、电报的，处二年以下有期徒刑或者拘役。

犯前款罪而窃取财物的，依照本法第二百六十四条的规定定罪从重处罚。

10.**《全国人民代表大会常务委员会关于加强网络信息保护的决定》**（2012 年 12 月 28 日）

**二、**网络服务提供者和其他企业事业单位在业务活动中收集、使用公民个人电子信息，应当遵循合法、正当、必要的原则，明示收集、使用信息的目的、方式和范围，并经被收集者同意，不得违反法律、法规的规定和双方的约定收集、使用信息。

网络服务提供者和其他企业事业单位收集、使用公民个人电子信息，应当公开其收集、使用规则。

**三、**网络服务提供者和其他企业事业单位及其工作人员对在业务活动中收集的公民个人电子信息必须严格保密，不得泄露、篡改、毁损，不得出售或者非法向他人提供。

● *部门规章及文件*

11. **《电信和互联网用户个人信息保护规定》**（2013年7月16日）

**第10条**　电信业务经营者、互联网信息服务提供者及其工作人员对在提供服务过程中收集、使用的用户个人信息应当严格保密，不得泄露、篡改或者毁损，不得出售或者非法向他人提供。

**第18条**　电信管理机构及其工作人员对在履行职责中知悉的用户个人信息应当予以保密，不得泄露、篡改或者毁损，不得出售或者非法向他人提供。

● *司法解释及文件*

12. **《最高人民法院、最高人民检察院关于办理侵犯公民个人信息刑事案件适用法律若干问题的解释》**（2017年5月8日）

**第3条**　向特定人提供公民个人信息，以及通过信息网络或者其他途径发布公民个人信息的，应当认定为刑法第二百五十三条之一规定的“提供公民个人信息”。

未经被收集者同意，将合法收集的公民个人信息向他人提供的，属于刑法第二百五十三条之一规定的“提供公民个人信息”，但是经过处理无法识别特定个人且不能复原的除外。

● *案例指引*

1. **邵某明等侵犯公民个人信息案**（2017年最高人民法院公布侵犯公民个人信息犯罪典型案例之一）①

**案例要旨：**非法出售户籍信息、手机定位、住宿记录等个人信息，构成侵犯公民个人信息罪。2016年初，被告人邵某明、康某、王某、陆某阳分别以“调查公司”的名义向他人出售公民个人信息，被告人倪某鸿不久后

① 参见中国法院网，https：//www.chinacourt.org/article/detail/2017/05/id/2852365.shtml。由于篇幅所限，此次发布的典型案例经编者编辑和删减，下文不再提示。

参与。五被告人通过在微信朋友圈发布出售个人户籍、车辆档案、手机定位、个人征信、旅馆住宿等各类公民个人信息的广告的方式寻找客户，接单后通过微信向上家购买信息或让其他被告人帮忙向上家购买信息后加价出售，每单收取10元至1000余元不等的费用。被告人违反国家有关规定，向他人出售公民个人信息，情节严重，其行为均已构成侵犯公民个人信息罪。

2. **韩某杰等侵犯公民个人信息案**（2017年最高人民法院公布侵犯公民个人信息犯罪典型案例之二）

**案例要旨：**非法查询征信信息牟利，构成侵犯公民个人信息罪。被告人利用某支行征信查询员的征信查询ID号、密码及被告人其中一人提供的银行专用网络，在该行附近使用电脑非法查询公民个人银行征信信息数万余条。并将查询获得的上述公民个人银行征信信息出售给他。

3. **周某城等侵犯公民个人信息案**（2017年最高人民法院公布侵犯公民个人信息犯罪典型案例之三）

**案例要旨：**非法购买学生信息出售牟利，构成侵犯公民个人信息罪。2016年4月，被告人周某城向他人购买浙江省学生信息193万余条。后被告人周某城又出售给被告人刘某、陈某、周某云，共计非法获利65400元。上述被告人违反国家有关规定，向他人出售或者以购买的方法非法获取公民个人信息，其行为均已构成侵犯公民个人信息罪。

4. **夏某晓侵犯公民个人信息案**（2017年最高人民法院公布侵犯公民个人信息犯罪典型案例之四）

**案例要旨：**非法买卖网购订单信息，构成侵犯公民个人信息罪。2015年10月至2016年7月，被告人夏某晓买卖大量含有公民姓名、收货地址、手机号码等内容的网购订单信息，非法获利约5万元。

5. **肖某、周某等侵犯公民个人信息案**（2017年最高人民法院公布侵犯公民个人信息犯罪典型案例之五）

**案例要旨：**利用黑客手段窃取公民个人信息出售牟利，构成侵犯公民个人信息罪。被告人肖某、周某预谋窃取邮局内部的公民个人信息进行出售牟利，共同出资购买了黑客软件。二人通过黑客软件侵入邮局内网窃取邮局内部的公民个人信息103257条，并将窃取的公民个人信息全部出售给被告人李某波。后李某波将购买的公民个人信息出售给被告人王某元40000条，王某元又将购买到的公民个人信息出售给被告人宋某波30000条。

**6. 杜某兴、杜某龙侵犯公民个人信息案**（2017年最高人民法院公布侵犯公民个人信息犯罪典型案例之六）

**案例要旨：**通过互联网非法购买、交换、出售公民个人信息，构成侵犯公民个人信息罪被告人杜某兴、杜某龙加入涉及个人信息交换买卖的QQ群，通过购买、交换等方式获取大量公民个人信息，再在群里发布广告招揽买家。

**7. 丁某光侵犯公民个人信息案**（2017年最高人民法院公布侵犯公民个人信息犯罪典型案例之七）

**案例要旨：**非法提供近2000万条住宿记录供他人查询牟利，构成侵犯公民个人信息罪"情节特别严重"。2013年年底，一家为全国4500多家酒店提供网络服务的公司因系统存在安全漏洞，致使全国高达2000万条宾馆住宿记录泄露。2015年初至2016年6月，被告人丁某光通过在不法网站下载的方式，非法获取宾馆住宿记录等公民个人信息，并上传至自己开办的网站。该网站除能够查询住宿记录外，还提供用户QQ、部分论坛账号及密码找回功能。其中住宿记录共有将近2000万条，用户经注册成为会员后，可以在网页"开房查询"栏目项下，以输入关键字姓名或身份证号的方式查询网站数据库中宾馆住宿记录（显示姓名、身份证号、手机号码、地址、住宿时间等信息）。丁某光自2015年5月左右开始对该网站采取注册会员方式收取费用60元/人，到2016年1月上调到120元/人。2015年11月1日至2016年6月23日，案涉网站共有查询记录49698条，收取会员费191440.92元。

## 第十一条 【国家保护责任】

国家建立健全个人信息保护制度，预防和惩治侵害个人信息权益的行为，加强个人信息保护宣传教育，推动形成政府、企业、相关社会组织、公众共同参与个人信息保护的良好环境。

## ● 法　律

### 1.《中华人民共和国网络安全法》（2016 年 11 月 7 日）

**第 3 条**　国家坚持网络安全与信息化发展并重，遵循积极利用、科学发展、依法管理、确保安全的方针，推进网络基础设施建设和互联互通，鼓励网络技术创新和应用，支持培养网络安全人才，建立健全网络安全保障体系，提高网络安全保护能力。

**第 4 条**　国家制定并不断完善网络安全战略，明确保障网络安全的基本要求和主要目标，提出重点领域的网络安全政策、工作任务和措施。

**第 6 条**　国家倡导诚实守信、健康文明的网络行为，推动传播社会主义核心价值观，采取措施提高全社会的网络安全意识和水平，形成全社会共同参与促进网络安全的良好环境。

**第 11 条**　网络相关行业组织按照章程，加强行业自律，制定网络安全行为规范，指导会员加强网络安全保护，提高网络安全保护水平，促进行业健康发展。

**第 15 条**　国家建立和完善网络安全标准体系。国务院标准化行政主管部门和国务院其他有关部门根据各自的职责，组织制定并适时修订有关网络安全管理以及网络产品、服务和运行安全的国家标准、行业标准。

国家支持企业、研究机构、高等学校、网络相关行业组织参与网络安全国家标准、行业标准的制定。

**第 16 条**　国务院和省、自治区、直辖市人民政府应当统筹规划，加大投入，扶持重点网络安全技术产业和项目，支持网络安全技术的研究开发和应用，推广安全可信的网络产品和服务，保护网络技术知识产权，支持企业、研究机构和高等学校等参与国家网络安全技术创新项目。

**第 17 条**　国家推进网络安全社会化服务体系建设，鼓励有关企业、机构开展网络安全认证、检测和风险评估等安全服务。

**第 18 条**　国家鼓励开发网络数据安全保护和利用技术，促进公共数据资源开放，推动技术创新和经济社会发展。

国家支持创新网络安全管理方式，运用网络新技术，提升网络安全保护水平。

**第 19 条**　各级人民政府及其有关部门应当组织开展经常性的网络安全宣传教育，并指导、督促有关单位做好网络安全宣传教育工作。

大众传播媒介应当有针对性地面向社会进行网络安全宣传教育。

**第 20 条** 国家支持企业和高等学校、职业学校等教育培训机构开展网络安全相关教育与培训，采取多种方式培养网络安全人才，促进网络安全人才交流。

2.《中华人民共和国数据安全法》(2021 年 6 月 10 日)

**第 9 条** 国家支持开展数据安全知识宣传普及，提高全社会的数据安全保护意识和水平，推动有关部门、行业组织、科研机构、企业、个人等共同参与数据安全保护工作，形成全社会共同维护数据安全和促进发展的良好环境。

**第 10 条** 相关行业组织按照章程，依法制定数据安全行为规范和团体标准，加强行业自律，指导会员加强数据安全保护，提高数据安全保护水平，促进行业健康发展。

**第 14 条** 国家实施大数据战略，推进数据基础设施建设，鼓励和支持数据在各行业、各领域的创新应用。

省级以上人民政府应当将数字经济发展纳入本级国民经济和社会发展规划，并根据需要制定数字经济发展规划。

**第 17 条** 国家推进数据开发利用技术和数据安全标准体系建设。国务院标准化行政主管部门和国务院有关部门根据各自的职责，组织制定并适时修订有关数据开发利用技术、产品和数据安全相关标准。国家支持企业、社会团体和教育、科研机构等参与标准制定。

**第 18 条** 国家促进数据安全检测评估、认证等服务的发展，支持数据安全检测评估、认证等专业机构依法开展服务活动。

国家支持有关部门、行业组织、企业、教育和科研机构、有关专业机构等在数据安全风险评估、防范、处置等方面开展协作。

**第 19 条** 国家建立健全数据交易管理制度，规范数据交易行为，培育数据交易市场。

**第 20 条** 国家支持教育、科研机构和企业等开展数据开发利用技术和数据安全相关教育和培训，采取多种方式培养数据开发利用技术和数据安全专业人才，促进人才交流。

3.《中华人民共和国民法典》(2020 年 5 月 28 日)

**第 111 条** 自然人的个人信息受法律保护。任何组织或者个人需要获取他人个人信息的，应当依法取得并确保信息安全，不得非法收集、使用、加工、传输他人个人信息，不得非法买卖、提供或者公开他人个人信息。

4.**《中华人民共和国电子商务法》**（2018年8月31日）

**第69条** 国家维护电子商务交易安全，保护电子商务用户信息，鼓励电子商务数据开发应用，保障电子商务数据依法有序自由流动。

国家采取措施推动建立公共数据共享机制，促进电子商务经营者依法利用公共数据。

● ***部门规章及文件***

5.**《电信和互联网用户个人信息保护规定》**（2013年7月16日）

**第21条** 鼓励电信和互联网行业协会依法制定有关用户个人信息保护的自律性管理制度，引导会员加强自律管理，提高用户个人信息保护水平。

## 第十二条 【国际交流与合作】

国家积极参与个人信息保护国际规则的制定，促进个人信息保护方面的国际交流与合作，推动与其他国家、地区、国际组织之间的个人信息保护规则、标准等互认。

● ***法　律***

1.**《中华人民共和国网络安全法》**（2016年11月7日）

**第7条** 国家积极开展网络空间治理、网络技术研发和标准制定、打击网络违法犯罪等方面的国际交流与合作，推动构建和平、安全、开放、合作的网络空间，建立多边、民主、透明的网络治理体系。

2.**《中华人民共和国数据安全法》**（2021年6月10日）

**第11条** 国家积极开展数据安全治理、数据开发利用等领域的国际交流与合作，参与数据安全相关国际规则和标准的制定，促进数据跨境安全、自由流动。

# 第二章　个人信息处理规则

## 第一节　一般规定

**第十三条　【个人信息处理的合法性基础】**

符合下列情形之一的，个人信息处理者方可处理个人信息：

（一）取得个人的同意；

（二）为订立、履行个人作为一方当事人的合同所必需，或者按照依法制定的劳动规章制度和依法签订的集体合同实施人力资源管理所必需；

（三）为履行法定职责或者法定义务所必需；

（四）为应对突发公共卫生事件，或者紧急情况下为保护自然人的生命健康和财产安全所必需；

（五）为公共利益实施新闻报道、舆论监督等行为，在合理的范围内处理个人信息；

（六）依照本法规定在合理的范围内处理个人自行公开或者其他已经合法公开的个人信息；

（七）法律、行政法规规定的其他情形。

依照本法其他有关规定，处理个人信息应当取得个人同意，但是有前款第二项至第七项规定情形的，不需取得个人同意。

● ***法　律***

1. **《中华人民共和国网络安全法》**（2016 年 11 月 7 日）

**第 21 条**　国家实行网络安全等级保护制度。网络运营者应当按照网络安全等级保护制度的要求，履行下列安全保护义务，保障网络免受干扰、破坏或者未经授权的访问，防止网络数据泄露或者被窃取、篡改：

（一）制定内部安全管理制度和操作规程，确定网络安全负责人，落实网络安全保护责任；

（二）采取防范计算机病毒和网络攻击、网络侵入等危害网络安全行为的技术措施；

（三）采取监测、记录网络运行状态、网络安全事件的技术措施，并按照规定留存相关的网络日志不少于六个月；

（四）采取数据分类、重要数据备份和加密等措施；

（五）法律、行政法规规定的其他义务。

**第41条** 网络运营者收集、使用个人信息，应当遵循合法、正当、必要的原则，公开收集、使用规则，明示收集、使用信息的目的、方式和范围，并经被收集者同意。

网络运营者不得收集与其提供的服务无关的个人信息，不得违反法律、行政法规的规定和双方的约定收集、使用个人信息，并应当依照法律、行政法规的规定和与用户的约定，处理其保存的个人信息。

2. **《中华人民共和国民法典》**（2020年5月28日）

**第998条** 认定行为人承担侵害除生命权、身体权和健康权外的人格权的民事责任，应当考虑行为人和受害人的职业、影响范围、过错程度，以及行为的目的、方式、后果等因素。

**第999条** 为公共利益实施新闻报道、舆论监督等行为的，可以合理使用民事主体的姓名、名称、肖像、个人信息等；使用不合理侵害民事主体人格权的，应当依法承担民事责任。

**第1020条** 合理实施下列行为的，可以不经肖像权人同意：

（一）为个人学习、艺术欣赏、课堂教学或者科学研究，在必要范围内使用肖像权人已经公开的肖像；

（二）为实施新闻报道，不可避免地制作、使用、公开肖像权人的肖像；

（三）为依法履行职责，国家机关在必要范围内制作、使用、公开肖像权人的肖像；

（四）为展示特定公共环境，不可避免地制作、使用、公开肖像权人的肖像；

（五）为维护公共利益或者肖像权人合法权益，制作、使用、公开肖像权人的肖像的其他行为。

**第1025条** 行为人为公共利益实施新闻报道、舆论监督等行为，影响他人名誉的，不承担民事责任，但是有下列情形之一的除外：

（一）捏造、歪曲事实；

（二）对他人提供的严重失实内容未尽到合理核实义务；

（三）使用侮辱性言辞等贬损他人名誉。

**第 1026 条** 认定行为人是否尽到前条第二项规定的合理核实义务，应当考虑下列因素：

（一）内容来源的可信度；

（二）对明显可能引发争议的内容是否进行了必要的调查；

（三）内容的时限性；

（四）内容与公序良俗的关联性；

（五）受害人名誉受贬损的可能性；

（六）核实能力和核实成本。

**第 1035 条第 1 款** 处理个人信息的，应当遵循合法、正当、必要原则，不得过度处理，并符合下列条件：

（一）征得该自然人或者其监护人同意，但是法律、行政法规另有规定的除外；

（二）公开处理信息的规则；

（三）明示处理信息的目的、方式和范围；

（四）不违反法律、行政法规的规定和双方的约定。

**第 1036 条** 处理个人信息，有下列情形之一的，行为人不承担民事责任：

（一）在该自然人或者其监护人同意的范围内合理实施的行为；

（二）合理处理该自然人自行公开的或者其他已经合法公开的信息，但是该自然人明确拒绝或者处理该信息侵害其重大利益的除外；

（三）为维护公共利益或者该自然人合法权益，合理实施的其他行为。

**3.《中华人民共和国刑事诉讼法》**（2018 年 10 月 26 日）

**第 132 条** 为了确定被害人、犯罪嫌疑人的某些特征、伤害情况或者生理状态，可以对人身进行检查，可以提取指纹信息，采集血液、尿液等生物样本。

犯罪嫌疑人如果拒绝检查，侦查人员认为必要的时候，可以强制检查。

检查妇女的身体，应当由女工作人员或者医师进行。

4.《**中华人民共和国反洗钱法**》（2006 年 10 月 31 日）

**第 16 条** 金融机构应当按照规定建立客户身份识别制度。

金融机构在与客户建立业务关系或者为客户提供规定金额以上的现金汇款、现钞兑换、票据兑付等一次性金融服务时，应当要求客户出示真实有效的身份证件或者其他身份证明文件，进行核对并登记。

客户由他人代理办理业务的，金融机构应当同时对代理人和被代理人的身份证件或者其他身份证明文件进行核对并登记。

与客户建立人身保险、信托等业务关系，合同的受益人不是客户本人的，金融机构还应当对受益人的身份证件或者其他身份证明文件进行核对并登记。

金融机构不得为身份不明的客户提供服务或者与其进行交易，不得为客户开立匿名账户或者假名账户。

金融机构对先前获得的客户身份资料的真实性、有效性或者完整性有疑问的，应当重新识别客户身份。

任何单位和个人在与金融机构建立业务关系或者要求金融机构为其提供一次性金融服务时，都应当提供真实有效的身份证件或者其他身份证明文件。

5.《**中华人民共和国突发事件应对法**》（2007 年 8 月 30 日）

**第 3 条** 本法所称突发事件，是指突然发生，造成或者可能造成严重社会危害，需要采取应急处置措施予以应对的自然灾害、事故灾难、公共卫生事件和社会安全事件。

按照社会危害程度、影响范围等因素，自然灾害、事故灾难、公共卫生事件分为特别重大、重大、较大和一般四级。法律、行政法规或者国务院另有规定的，从其规定。

突发事件的分级标准由国务院或者国务院确定的部门制定。

6.《**全国人民代表大会常务委员会关于加强网络信息保护的决定**》（2012 年 12 月 28 日）

**二、**网络服务提供者和其他企业事业单位在业务活动中收集、使用公民个人电子信息，应当遵循合法、正当、必要的原则，明示收集、使用信息的目的、方式和范围，并经被收集者同意，不得违反法律、法规的规定和双方的约定收集、使用信息。

网络服务提供者和其他企业事业单位收集、使用公民个人电子信息，应当公开其收集、使用规则。

● *司法解释及文件*

**7.《最高人民法院关于审理使用人脸识别技术处理个人信息相关民事案件适用法律若干问题的规定》**（2021年7月27日）

**第4条** 有下列情形之一，信息处理者以已征得自然人或者其监护人同意为由抗辩的，人民法院不予支持：

（一）信息处理者要求自然人同意处理其人脸信息才提供产品或者服务的，但是处理人脸信息属于提供产品或者服务所必需的除外；

（二）信息处理者以与其他授权捆绑等方式要求自然人同意处理其人脸信息的；

（三）强迫或者变相强迫自然人同意处理其人脸信息的其他情形。

**第5条** 有下列情形之一，信息处理者主张其不承担民事责任的，人民法院依法予以支持：

（一）为应对突发公共卫生事件，或者紧急情况下为保护自然人的生命健康和财产安全所必需而处理人脸信息的；

（二）为维护公共安全，依据国家有关规定在公共场所使用人脸识别技术的；

（三）为公共利益实施新闻报道、舆论监督等行为在合理的范围内处理人脸信息的；

（四）在自然人或者其监护人同意的范围内合理处理人脸信息的；

（五）符合法律、行政法规规定的其他情形。

● *部门规章及文件*

**8.《电信和互联网用户个人信息保护规定》**（2013年7月16日）

**第9条** 未经用户同意，电信业务经营者、互联网信息服务提供者不得收集、使用用户个人信息。

电信业务经营者、互联网信息服务提供者收集、使用用户个人信息的，应当明确告知用户收集、使用信息的目的、方式和范围，查询、更正信息的渠道以及拒绝提供信息的后果等事项。

电信业务经营者、互联网信息服务提供者不得收集其提供服务所必需以外的用户个人信息或者将信息用于提供服务之外的目的，不得以欺骗、误导或者强迫等方式或者违反法律、行政法规以及双方的约定收集、使用信息。

电信业务经营者、互联网信息服务提供者在用户终止使用电信服务或者互联网信息服务后，应当停止对用户个人信息的收集和使用，并为用户提供注销号码或者账号的服务。

法律、行政法规对本条第一款至第四款规定的情形另有规定的，从其规定。

**9.《App违法违规收集使用个人信息行为认定方法》**（2019年11月28日）

三、以下行为可被认定为“未经用户同意收集使用个人信息”

1. 征得用户同意前就开始收集个人信息或打开可收集个人信息的权限；

2. 用户明确表示不同意后，仍收集个人信息或打开可收集个人信息的权限，或频繁征求用户同意、干扰用户正常使用；

3. 实际收集的个人信息或打开的可收集个人信息权限超出用户授权范围；

4. 以默认选择同意隐私政策等非明示方式征求用户同意；

5. 未经用户同意更改其设置的可收集个人信息权限状态，如App更新时自动将用户设置的权限恢复到默认状态；

6. 利用用户个人信息和算法定向推送信息，未提供非定向推送信息的选项；

7. 以欺诈、诱骗等不正当方式误导用户同意收集个人信息或打开可收集个人信息的权限，如故意欺瞒、掩饰收集使用个人信息的真实目的；

8. 未向用户提供撤回同意收集个人信息的途径、方式；

9. 违反其所声明的收集使用规则，收集使用个人信息。

### ● 国家标准

**10.《信息安全技术 个人信息安全规范》**（2020年3月6日 GB/T 35273－2020）

5.6 征得授权同意的例外

以下情形中，个人信息控制者收集、使用个人信息不必征得个人信息主体的授权同意：

a）与个人信息控制者履行法律法规规定的义务相关的；

b）与国家安全、国防安全直接相关的；

c）与公共安全、公共卫生、重大公共利益直接相关的；

d）与刑事侦查、起诉、审判和判决执行等直接相关的；

e）出于维护个人信息主体或其他个人的生命、财产等重大合法权益但又很难得到本人授权同意的；

f）所涉及的个人信息是个人信息主体自行向社会公众公开的；

g）根据个人信息主体要求签订和履行合同所必需的；

注：个人信息保护政策的主要功能为公开个人信息控制者收集、使用个人信息范围和规则，不宜将其视为合同。

h）从合法公开披露的信息中收集个人信息的，如合法的新闻报道、政府信息公开等渠道；

i）维护所提供产品或服务的安全稳定运行所必需的，如发现、处置产品或服务的故障；

j）个人信息控制者为新闻单位，且其开展合法的新闻报道所必需的；

k）个人信息控制者为学术研究机构，出于公共利益开展统计或学术研究所必要，且其对外提供学术研究或描述的结果时，对结果中所包含的个人信息进行去标识化处理的。

9.4 个人信息公开披露

个人信息原则上不应公开披露。个人信息控制者经法律授权或具备合理事由确需公开披露时，应符合以下要求：

a）事先开展个人信息安全影响评估，并依评估结果采取有效的保护个人信息主体的措施；

b）向个人信息主体告知公开披露个人信息的目的、类型，并事先征得个人信息主体明示同意；

c）公开披露个人敏感信息前，除b）中告知的内容外，还应向个人信息主体告知涉及的个人敏感信息的内容；

d）准确记录和存储个人信息的公开披露的情况，包括公开披露的日期、规模、目的、公开范围等；

e）承担因公开披露个人信息对个人信息主体合法权益造成损害的相应

责任；

f）不应公开披露个人生物识别信息；

g）不应公开披露我国公民的种族、民族、政治观点、宗教信仰等个人敏感数据的分析结果。

9.5 共享、转让、公开披露个人信息时事先征得授权同意的例外

以下情形中，个人信息控制者共享、转让、公开披露个人信息不必事先征得个人信息主体的授权同意：

a）与个人信息控制者履行法律法规规定的义务相关的；

b）与国家安全、国防安全直接相关的；

c）与公共安全、公共卫生、重大公共利益直接相关的；

d）与刑事侦查、起诉、审判和判决执行等直接相关的；

e）出于维护个人信息主体或其他个人的生命、财产等重大合法权益但又很难得到本人授权同意的；

f）个人信息主体自行向社会公众公开的个人信息；

g）从合法公开披露的信息中收集个人信息的，如合法的新闻报道、政府信息公开等渠道。

## 第十四条 【知情同意】

基于个人同意处理个人信息的，该同意应当由个人在充分知情的前提下自愿、明确作出。法律、行政法规规定处理个人信息应当取得个人单独同意或者书面同意的，从其规定。

个人信息的处理目的、处理方式和处理的个人信息种类发生变更的，应当重新取得个人同意。

### ● 法 律

**1.《中华人民共和国民法典》**（2020年5月28日）

**第140条** 行为人可以明示或者默示作出意思表示。

沉默只有在有法律规定、当事人约定或者符合当事人之间的交易习惯时，才可以视为意思表示。

**第469条** 当事人订立合同，可以采用书面形式、口头形式或者其他形式。

书面形式是合同书、信件、电报、电传、传真等可以有形地表现所载内

容的形式。

以电子数据交换、电子邮件等方式能够有形地表现所载内容，并可以随时调取查用的数据电文，视为书面形式。

**第1033条** 除法律另有规定或者权利人明确同意外，任何组织或者个人不得实施下列行为：

（一）以电话、短信、即时通讯工具、电子邮件、传单等方式侵扰他人的私人生活安宁；

（二）进入、拍摄、窥视他人的住宅、宾馆房间等私密空间；

（三）拍摄、窥视、窃听、公开他人的私密活动；

（四）拍摄、窥视他人身体的私密部位；

（五）处理他人的私密信息；

（六）以其他方式侵害他人的隐私权。



## ● *行政法规及文件*

### 2. 《征信业管理条例》（2013年1月21日）

**第18条** 向征信机构查询个人信息的，应当取得信息主体本人的书面同意并约定用途。但是，法律规定可以不经同意查询的除外。

征信机构不得违反前款规定提供个人信息。

## ● *部门规章及文件*

### 3. 《电信和互联网用户个人信息保护规定》（2013年7月16日）

**第9条** 未经用户同意，电信业务经营者、互联网信息服务提供者不得收集、使用用户个人信息。

电信业务经营者、互联网信息服务提供者收集、使用用户个人信息的，应当明确告知用户收集、使用信息的目的、方式和范围，查询、更正信息的渠道以及拒绝提供信息的后果等事项。

电信业务经营者、互联网信息服务提供者不得收集其提供服务所必需以外的用户个人信息或者将信息用于提供服务之外的目的，不得以欺骗、误导或者强迫等方式或者违反法律、行政法规以及双方的约定收集、使用信息。

电信业务经营者、互联网信息服务提供者在用户终止使用电信服务或者互联网信息服务后，应当停止对用户个人信息的收集和使用，并为用户提供注销号码或者账号的服务。

法律、行政法规对本条第一款至第四款规定的情形另有规定的，从其规定。

**4.《App违法违规收集使用个人信息行为认定方法》**（2019年11月28日）

五、以下行为可被认定为“未经同意向他人提供个人信息”

1. 既未经用户同意，也未做匿名化处理，App客户端直接向第三方提供个人信息，包括通过客户端嵌入的第三方代码、插件等方式向第三方提供个人信息；

2. 既未经用户同意，也未做匿名化处理，数据传输至App后台服务器后，向第三方提供其收集的个人信息；

3. App接入第三方应用，未经用户同意，向第三方应用提供个人信息。

### ● *司法解释及文件*

**5.《最高人民法院关于审理使用人脸识别技术处理个人信息相关民事案件适用法律若干问题的规定》**（2021年7月27日）

**第2条** 信息处理者处理人脸信息有下列情形之一的，人民法院应当认定属于侵害自然人人格权益的行为：

（一）在宾馆、商场、银行、车站、机场、体育场馆、娱乐场所等经营场所、公共场所违反法律、行政法规的规定使用人脸识别技术进行人脸验证、辨识或者分析；

（二）未公开处理人脸信息的规则或者未明示处理的目的、方式、范围；

（三）基于个人同意处理人脸信息的，未征得自然人或者其监护人的单独同意，或者未按照法律、行政法规的规定征得自然人或者其监护人的书面同意；

（四）违反信息处理者明示或者双方约定的处理人脸信息的目的、方式、范围等；

（五）未采取应有的技术措施或者其他必要措施确保其收集、存储的人脸信息安全，致使人脸信息泄露、篡改、丢失；

（六）违反法律、行政法规的规定或者双方的约定，向他人提供人脸信息；

（七）违背公序良俗处理人脸信息；

（八）违反合法、正当、必要原则处理人脸信息的其他情形。

**第4条** 有下列情形之一，信息处理者以已征得自然人或者其监护人同意为由抗辩的，人民法院不予支持：

（一）信息处理者要求自然人同意处理其人脸信息才提供产品或者服务的，但是处理人脸信息属于提供产品或者服务所必需的除外；

（二）信息处理者以与其他授权捆绑等方式要求自然人同意处理其人脸信息的；

（三）强迫或者变相强迫自然人同意处理其人脸信息的其他情形。

**第11条** 信息处理者采用格式条款与自然人订立合同，要求自然人授予其无期限限制、不可撤销、可任意转授权等处理人脸信息的权利，该自然人依据民法典第四百九十七条请求确认格式条款无效的，人民法院依法予以支持。

## 第十五条 【撤回同意】

基于个人同意处理个人信息的，个人有权撤回其同意。个人信息处理者应当提供便捷的撤回同意的方式。

个人撤回同意，不影响撤回前基于个人同意已进行的个人信息处理活动的效力。

### ● 法 律

1. **《中华人民共和国个人信息保护法》**（2021年8月20日）

**第24条** 个人信息处理者利用个人信息进行自动化决策，应当保证决策的透明度和结果公平、公正，不得对个人在交易价格等交易条件上实行不合理的差别待遇。

通过自动化决策方式向个人进行信息推送、商业营销，应当同时提供不针对其个人特征的选项，或者向个人提供便捷的拒绝方式。

通过自动化决策方式作出对个人权益有重大影响的决定，个人有权要求个人信息处理者予以说明，并有权拒绝个人信息处理者仅通过自动化决策的方式作出决定。

**第44条** 个人对其个人信息的处理享有知情权、决定权，有权限制或者拒绝他人对其个人信息进行处理；法律、行政法规另有规定的除外。

● *部门规章及文件*

2. **《电信和互联网用户个人信息保护规定》**（2013 年 7 月 16 日）

**第 9 条第 4 款** 电信业务经营者、互联网信息服务提供者在用户终止使用电信服务或者互联网信息服务后，应当停止对用户个人信息的收集和使用，并为用户提供注销号码或者账号的服务。

3. **《网络交易监督管理办法》**（2021 年 3 月 15 日）

**第 13 条** 网络交易经营者收集、使用消费者个人信息，应当遵循合法、正当、必要的原则，明示收集、使用信息的目的、方式和范围，并经消费者同意。网络交易经营者收集、使用消费者个人信息，应当公开其收集、使用规则，不得违反法律、法规的规定和双方的约定收集、使用信息。

网络交易经营者不得采用一次概括授权、默认授权、与其他授权捆绑、停止安装使用等方式，强迫或者变相强迫消费者同意收集、使用与经营活动无直接关系的信息。收集、使用个人生物特征、医疗健康、金融账户、个人行踪等敏感信息的，应当逐项取得消费者同意。

网络交易经营者及其工作人员应当对收集的个人信息严格保密，除依法配合监管执法活动外，未经被收集者授权同意，不得向包括关联方在内的任何第三方提供。

● *司法解释及文件*

4. **《最高人民法院关于审理使用人脸识别技术处理个人信息相关民事案件适用法律若干问题的规定》**（2021 年 7 月 27 日）

**第 11 条** 信息处理者采用格式条款与自然人订立合同，要求自然人授予其无期限限制、不可撤销、可任意转授权等处理人脸信息的权利，该自然人依据民法典第四百九十七条请求确认格式条款无效的，人民法院依法予以支持。

## 第十六条 【不得拒绝服务原则】

个人信息处理者不得以个人不同意处理其个人信息或者撤回同意为由，拒绝提供产品或者服务；处理个人信息属于提供产品或者服务所必需的除外。

## ● 法 律

**1.《中华人民共和国网络安全法》**（2016 年 11 月 7 日）

**第 41 条** 网络运营者收集、使用个人信息，应当遵循合法、正当、必要的原则，公开收集、使用规则，明示收集、使用信息的目的、方式和范围，并经被收集者同意。

网络运营者不得收集与其提供的服务无关的个人信息，不得违反法律、行政法规的规定和双方的约定收集、使用个人信息，并应当依照法律、行政法规的规定和与用户的约定，处理其保存的个人信息。

**2.《中华人民共和国民法典》**（2020 年 5 月 28 日）

**第 497 条** 有下列情形之一的，该格式条款无效：

（一）具有本法第一编第六章第三节和本法第五百零六条规定的无效情形；

（二）提供格式条款一方不合理地免除或者减轻其责任、加重对方责任、限制对方主要权利；

（三）提供格式条款一方排除对方主要权利。

**第 1035 条** 处理个人信息的，应当遵循合法、正当、必要原则，不得过度处理，并符合下列条件：

（一）征得该自然人或者其监护人同意，但是法律、行政法规另有规定的除外；

（二）公开处理信息的规则；

（三）明示处理信息的目的、方式和范围；

（四）不违反法律、行政法规的规定和双方的约定。

个人信息的处理包括个人信息的收集、存储、使用、加工、传输、提供、公开等。

## ● 部门规章及文件

**3.《中国人民银行金融消费者权益保护实施办法》**（2020 年 9 月 15 日）

**第 29 条** 银行、支付机构处理消费者金融信息，应当遵循合法、正当、必要原则，经金融消费者或者其监护人明示同意，但是法律、行政法规另有规定的除外。银行、支付机构不得收集与业务无关的消费者金融信息，不得采取不正当方式收集消费者金融信息，不得变相强制收集消费者金融信息。

银行、支付机构不得以金融消费者不同意处理其金融信息为由拒绝提供金融产品或者服务，但处理其金融信息属于提供金融产品或者服务所必需的除外。

金融消费者不能或者拒绝提供必要信息，致使银行、支付机构无法履行反洗钱义务的，银行、支付机构可以根据《中华人民共和国反洗钱法》的相关规定对其金融活动采取限制性措施；确有必要时，银行、支付机构可以依法拒绝提供金融产品或者服务。

**第30条** 银行、支付机构收集消费者金融信息用于营销、用户体验改进或者市场调查的，应当以适当方式供金融消费者自主选择是否同意银行、支付机构将其金融信息用于上述目的；金融消费者不同意的，银行、支付机构不得因此拒绝提供金融产品或者服务。银行、支付机构向金融消费者发送金融营销信息的，应当向其提供拒绝继续接收金融营销信息的方式。

● ***司法解释及文件***

**4.《最高人民法院关于审理使用人脸识别技术处理个人信息相关民事案件适用法律若干问题的规定》**（2021年7月27日）

**第11条** 信息处理者采用格式条款与自然人订立合同，要求自然人授予其无期限限制、不可撤销、可任意转授权等处理人脸信息的权利，该自然人依据民法典第四百九十七条请求确认格式条款无效的，人民法院依法予以支持。

## 第十七条 【告知的具体规则】

个人信息处理者在处理个人信息前，应当以显著方式、清晰易懂的语言真实、准确、完整地向个人告知下列事项：

（一）个人信息处理者的名称或者姓名和联系方式；

（二）个人信息的处理目的、处理方式，处理的个人信息种类、保存期限；

（三）个人行使本法规定权利的方式和程序；

（四）法律、行政法规规定应当告知的其他事项。

前款规定事项发生变更的，应当将变更部分告知个人。

个人信息处理者通过制定个人信息处理规则的方式告知第一款规定事项的，处理规则应当公开，并且便于查阅和保存。

## ● 法　律

**1.《中华人民共和国网络安全法》**（2016 年 11 月 7 日）

**第 22 条**网络产品、服务应当符合相关国家标准的强制性要求。

网络产品、服务的提供者不得设置恶意程序；发现其网络产品、服务存在安全缺陷、漏洞等风险时，应当立即采取补救措施，按照规定及时告知用户并向有关主管部门报告。

网络产品、服务的提供者应当为其产品、服务持续提供安全维护；在规定或者当事人约定的期限内，不得终止提供安全维护。

网络产品、服务具有收集用户信息功能的，其提供者应当向用户明示并取得同意；涉及用户个人信息的，还应当遵守本法和有关法律、行政法规关于个人信息保护的规定。

**2.《中华人民共和国民法典》**（2020 年 5 月 28 日）

**第 1035 条**　处理个人信息的，应当遵循合法、正当、必要原则，不得过度处理，并符合下列条件：

（一）征得该自然人或者其监护人同意，但是法律、行政法规另有规定的除外；

（二）公开处理信息的规则；

（三）明示处理信息的目的、方式和范围；

（四）不违反法律、行政法规的规定和双方的约定。

个人信息的处理包括个人信息的收集、存储、使用、加工、传输、提供、公开等。

## ● 部门规章及文件

**3.《儿童个人信息网络保护规定》**（2019 年 8 月 22 日）

**第 10 条**　网络运营者征得同意时，应当同时提供拒绝选项，并明确告知以下事项：

（一）收集、存储、使用、转移、披露儿童个人信息的目的、方式和范围；

（二）儿童个人信息存储的地点、期限和到期后的处理方式；

（三）儿童个人信息的安全保障措施；

（四）拒绝的后果；

（五）投诉、举报的渠道和方式；

（六）更正、删除儿童个人信息的途径和方法；

（七）其他应当告知的事项。

前款规定的告知事项发生实质性变化的，应当再次征得儿童监护人的同意。

**4.《App违法违规收集使用个人信息行为认定方法》**（2019年11月28日）

一、以下行为可被认定为“未公开收集使用规则”

1. 在App中没有隐私政策，或者隐私政策中没有收集使用个人信息规则；

2. 在App首次运行时未通过弹窗等明显方式提示用户阅读隐私政策等收集使用规则；

3. 隐私政策等收集使用规则难以访问，如进入App主界面后，需多于4次点击等操作才能访问到；

4. 隐私政策等收集使用规则难以阅读，如文字过小过密、颜色过淡、模糊不清，或未提供简体中文版等。

二、以下行为可被认定为“未明示收集使用个人信息的目的、方式和范围”

1. 未逐一列出App（包括委托的第三方或嵌入的第三方代码、插件）收集使用个人信息的目的、方式、范围等；

2. 收集使用个人信息的目的、方式、范围发生变化时，未以适当方式通知用户，适当方式包括更新隐私政策等收集使用规则并提醒用户阅读等；

3. 在申请打开可收集个人信息的权限，或申请收集用户身份证号、银行账号、行踪轨迹等个人敏感信息时，未同步告知用户其目的，或者目的不明确、难以理解；

4. 有关收集使用规则的内容晦涩难懂、冗长繁琐，用户难以理解，如使用大量专业术语等。

● *国家标准*

5.《**信息安全技术 个人信息安全规范**》（2020 年 3 月 6 日　GB/T 35273－2020）

5.5 个人信息保护政策

对个人信息控制者的要求包括：

a）应制定个人信息保护政策，内容应包括但不限于：

1）个人信息控制者的基本情况，包括主体身份、联系方式；

2）收集、使用个人信息的业务功能，以及各业务功能分别收集的个人信息类型。涉及个人敏感信息的，需明确标识或突出显示；

3）个人信息收集方式、存储期限、涉及数据出境情况等个人信息处理规则；

4）对外共享、转让、公开披露个人信息的目的、涉及的个人信息类型、接收个人信息的第三方类型，以及各自的安全和法律责任；GB/T 35273—202010

5）个人信息主体的权利和实现机制，如查询方法、更正方法、删除方法、注销账户的方法、撤回授权同意的方法、获取个人信息副本的方法、对信息系统自动决策结果进行投诉的方法等；

6）提供个人信息后可能存在的安全风险，及不提供个人信息可能产生的影响；

7）遵循的个人信息安全基本原则，具备的数据安全能力，以及采取的个人信息安全保护措施，必要时可公开数据安全和个人信息保护相关的合规证明；

8）处理个人信息主体询问、投诉的渠道和机制，以及外部纠纷解决机构及联络方式。

b）个人信息保护政策所告知的信息应真实、准确、完整；

c）个人信息保护政策的内容应清晰易懂，符合通用的语言习惯，使用标准化的数字、图示等，避免使用有歧义的语言；

d）个人信息保护政策应公开发布且易于访问，例如，在网站主页、移动互联网应用程序安装页、附录 C 中的交互界面或设计等显著位置设置链接；

e）个人信息保护政策应逐一送达个人信息主体。当成本过高或有显著困难时，可以公告的形式发布；

f）在 a）所载事项发生变化时，应及时更新个人信息保护政策并重新告知个人信息主体。

注 1：组织会习惯性将个人信息保护政策命名为“隐私政策”或其他名称，其内容宜与个人信息保护政策内容保持一致。

注 2：个人信息保护政策的内容可参考附录 D。

注 3：在个人信息主体首次打开产品或服务、注册账户等情形时，宜通过弹窗等形式主动向其展示个人信息保护政策的主要或核心内容，帮助个人信息主体理解该产品或服务的个人信息处理范围和规则，并决定是否继续使用该产品或服务。

## 第十八条 【免于告知】

个人信息处理者处理个人信息，有法律、行政法规规定应当保密或者不需要告知的情形的，可以不向个人告知前条第一款规定的事项。

紧急情况下为保护自然人的生命健康和财产安全无法及时向个人告知的，个人信息处理者应当在紧急情况消除后及时告知。

### ● 法　律

**1.《中华人民共和国数据安全法》**（2021 年 6 月 10 日）

**第 38 条**　国家机关为履行法定职责的需要收集、使用数据，应当在其履行法定职责的范围内依照法律、行政法规规定的条件和程序进行；对在履行职责中知悉的个人隐私、个人信息、商业秘密、保密商务信息等数据应当依法予以保密，不得泄露或者非法向他人提供。

**2.《中华人民共和国民法典》**（2020 年 5 月 28 日）

**第 1036 条**　处理个人信息，有下列情形之一的，行为人不承担民事责任：

（一）在该自然人或者其监护人同意的范围内合理实施的行为；

（二）合理处理该自然人自行公开的或者其他已经合法公开的信息，但是该自然人明确拒绝或者处理该信息侵害其重大利益的除外；

（三）为维护公共利益或者该自然人合法权益，合理实施的其他行为。

3.《**中华人民共和国保守国家秘密法**》（2010年4月29日）

**第9条** 下列涉及国家安全和利益的事项，泄露后可能损害国家在政治、经济、国防、外交等领域的安全和利益的，应当确定为国家秘密：

（一）国家事务重大决策中的秘密事项；

（二）国防建设和武装力量活动中的秘密事项；

（三）外交和外事活动中的秘密事项以及对外承担保密义务的秘密事项；

（四）国民经济和社会发展中的秘密事项；

（五）科学技术中的秘密事项；

（六）维护国家安全活动和追查刑事犯罪中的秘密事项；

（七）经国家保密行政管理部门确定的其他秘密事项。

政党的秘密事项中符合前款规定的，属于国家秘密。

4.《**中华人民共和国反恐怖主义法**》（2018年4月27日）

**第45条** 公安机关、国家安全机关、军事机关在其职责范围内，因反恐怖主义情报信息工作的需要，根据国家有关规定，经过严格的批准手续，可以采取技术侦察措施。

依照前款规定获取的材料，只能用于反恐怖主义应对处置和对恐怖活动犯罪、极端主义犯罪的侦查、起诉和审判，不得用于其他用途。

5.《**中华人民共和国反间谍法**》（2014年11月1日）

**第12条** 国家安全机关因侦察间谍行为的需要，根据国家有关规定，经过严格的批准手续，可以采取技术侦察措施。

6.《**中华人民共和国国家情报法**》（2018年4月27日）

**第15条** 国家情报工作机构根据工作需要，按照国家有关规定，经过严格的批准手续，可以采取技术侦察措施和身份保护措施。

7.《**中华人民共和国刑事诉讼法**》（2018年10月26日）

**第150条** 公安机关在立案后，对于危害国家安全犯罪、恐怖活动犯罪、黑社会性质的组织犯罪、重大毒品犯罪或者其他严重危害社会的犯罪案件，根据侦查犯罪的需要，经过严格的批准手续，可以采取技术侦查措施。

人民检察院在立案后，对于利用职权实施的严重侵犯公民人身权利的重大犯罪案件，根据侦查犯罪的需要，经过严格的批准手续，可以采取技术侦查措施，按照规定交有关机关执行。

追捕被通缉或者批准、决定逮捕的在逃的犯罪嫌疑人、被告人，经过批准，可以采取追捕所必需的技术侦查措施。

● *司法解释及文件*

**8.《最高人民法院关于审理使用人脸识别技术处理个人信息相关民事案件适用法律若干问题的规定》**（2021年7月27日）

**第5条** 有下列情形之一，信息处理者主张其不承担民事责任的，人民法院依法予以支持：

（一）为应对突发公共卫生事件，或者紧急情况下为保护自然人的生命健康和财产安全所必需而处理人脸信息的；

（二）为维护公共安全，依据国家有关规定在公共场所使用人脸识别技术的；

（三）为公共利益实施新闻报道、舆论监督等行为在合理的范围内处理人脸信息的；

（四）在自然人或者其监护人同意的范围内合理处理人脸信息的；

（五）符合法律、行政法规规定的其他情形。

## 第十九条 【保存期限】

除法律、行政法规另有规定外，个人信息的保存期限应当为实现处理目的所必要的最短时间。

● *法　律*

**1.《中华人民共和国网络安全法》**（2016年11月7日）

**第21条** 国家实行网络安全等级保护制度。网络运营者应当按照网络安全等级保护制度的要求，履行下列安全保护义务，保障网络免受干扰、破坏或者未经授权的访问，防止网络数据泄露或者被窃取、篡改：

（一）制定内部安全管理制度和操作规程，确定网络安全负责人，落实网络安全保护责任；

（二）采取防范计算机病毒和网络攻击、网络侵入等危害网络安全行为的技术措施；

（三）采取监测、记录网络运行状态、网络安全事件的技术措施，并按照规定留存相关的网络日志不少于六个月；

（四）采取数据分类、重要数据备份和加密等措施；

（五）法律、行政法规规定的其他义务。

**第41条** 网络运营者收集、使用个人信息，应当遵循合法、正当、必要的原则，公开收集、使用规则，明示收集、使用信息的目的、方式和范围，并经被收集者同意。

网络运营者不得收集与其提供的服务无关的个人信息，不得违反法律、行政法规的规定和双方的约定收集、使用个人信息，并应当依照法律、行政法规的规定和与用户的约定，处理其保存的个人信息。



**2.《中华人民共和国电子商务法》**（2018年8月31日）

**第31条** 电子商务平台经营者应当记录、保存平台上发布的商品和服务信息、交易信息，并确保信息的完整性、保密性、可用性。商品和服务信息、交易信息保存时间自交易完成之日起不少于三年；法律、行政法规另有规定的，依照其规定。

**3.《中华人民共和国证券法》**（2019年12月28日）

**第137条** 证券公司应当建立客户信息查询制度，确保客户能够查询其账户信息、委托记录、交易记录以及其他与接受服务或者购买产品有关的重要信息。

证券公司应当妥善保存客户开户资料、委托记录、交易记录和与内部管理、业务经营有关的各项信息，任何人不得隐匿、伪造、篡改或者毁损。上述信息的保存期限不得少于二十年。

**第162条** 证券服务机构应当妥善保存客户委托文件、核查和验证资料、工作底稿以及与质量控制、内部管理、业务经营有关的信息和资料，任何人不得泄露、隐匿、伪造、篡改或者毁损。上述信息和资料的保存期限不得少于十年，自业务委托结束之日起算。

**4.《中华人民共和国反恐怖主义法》**（2018年4月27日）

**第32条** 重点目标的管理单位应当履行下列职责：

（一）制定防范和应对处置恐怖活动的预案、措施，定期进行培训和演练；

（二）建立反恐怖主义工作专项经费保障制度，配备、更新防范和处置设备、设施；

（三）指定相关机构或者落实责任人员，明确岗位职责；

（四）实行风险评估，实时监测安全威胁，完善内部安全管理；

（五）定期向公安机关和有关部门报告防范措施落实情况。

重点目标的管理单位应当根据城乡规划、相关标准和实际需要，对重点目标同步设计、同步建设、同步运行符合本法第二十七条规定的技防、物防设备、设施。

重点目标的管理单位应当建立公共安全视频图像信息系统值班监看、信息保存使用、运行维护等管理制度，保障相关系统正常运行。采集的视频图像信息保存期限不得少于九十日。

对重点目标以外的涉及公共安全的其他单位、场所、活动、设施，其主管部门和管理单位应当依照法律、行政法规规定，建立健全安全管理制度，落实安全责任。

## ● *行政法规及文件*

### 5.《征信业管理条例》（2013 年 1 月 21 日）

**第 16 条** 征信机构对个人不良信息的保存期限，自不良行为或者事件终止之日起为 5 年；超过 5 年的，应当予以删除。

在不良信息保存期限内，信息主体可以对不良信息作出说明，征信机构应当予以记载。

### 6.《不动产登记暂行条例》（2019 年 3 月 24 日）

**第 13 条** 不动产登记簿由不动产登记机构永久保存。不动产登记簿损毁、灭失的，不动产登记机构应当依据原有登记资料予以重建。

行政区域变更或者不动产登记机构职能调整的，应当及时将不动产登记簿移交相应的不动产登记机构。

### 7.《中华人民共和国统计法实施条例》（2017 年 5 月 28 日）

**第 22 条** 统计调查中取得的统计调查对象的原始资料，应当至少保存 2 年。

汇总性统计资料应当至少保存 10 年，重要的汇总性统计资料应当永久保存。法律法规另有规定的，从其规定。

● *部门规章及文件*

8. **《网络交易监督管理办法》**（2021 年 3 月 15 日）

**第 20 条** 通过网络社交、网络直播等网络服务开展网络交易活动的网络交易经营者，应当以显著方式展示商品或者服务及其实际经营主体、售后服务等信息，或者上述信息的链接标识。

网络直播服务提供者对网络交易活动的直播视频保存时间自直播结束之日起不少于三年。

9. **《金融机构客户身份识别和客户身份资料及交易记录保存管理办法》**（2007 年 6 月 21 日）

**第 29 条** 金融机构应当按照下列期限保存客户身份资料和交易记录：

（一）客户身份资料，自业务关系结束当年或者一次性交易记账当年计起至少保存 5 年。

（二）交易记录，自交易记账当年计起至少保存 5 年。

如客户身份资料和交易记录涉及正在被反洗钱调查的可疑交易活动，且反洗钱调查工作在前款规定的最低保存期届满时仍未结束的，金融机构应将其保存至反洗钱调查工作结束。

同一介质上存有不同保存期限客户身份资料或者交易记录的，应当按最长期限保存。同一客户身份资料或者交易记录采用不同介质保存的，至少应当按照上述期限要求保存一种介质的客户身份资料或者交易记录。

法律、行政法规和其他规章对客户身份资料和交易记录有更长保存期限要求的，遵守其规定。

10. **《医疗机构管理条例实施细则》**（2017 年 2 月 21 日）

**第 53 条** 医疗机构的门诊病历的保存期不得少于十五年；住院病历的保存期不得少于三十年。

11. **《网络食品安全违法行为查处办法》**（2021 年 4 月 2 日）

**第 13 条** 网络食品交易第三方平台提供者和通过自建网站交易食品的生产经营者应当记录、保存食品交易信息，保存时间不得少于产品保质期满后 6 个月；没有明确保质期的，保存时间不得少于 2 年。

12. **《道路旅客运输及客运站管理规定》**（2020 年 7 月 6 日）

**第 67 条** 网络平台应当提前向旅客提供班车客运经营者、联系方式、车辆品牌、号牌等车辆信息以及乘车地点、时间，并确保发布的提供服务的经营者、车辆和驾驶员与实际提供服务的经营者、车辆和驾驶员一致。

实行实名制管理的客运班线开展定制客运的，班车客运经营者和网络平台应当落实实名制管理相关要求。网络平台应当采取安全保护措施，妥善保存采集的个人信息和生成的业务数据，保存期限应当不少于 3 年，并不得用于定制客运以外的业务。

网络平台应当按照道路运输管理机构的要求，如实提供其接入的经营者、车辆、驾驶员信息和相关业务数据。

13. **《网络预约出租汽车经营服务管理暂行办法》**（2019 年 12 月 28 日）

**第 27 条** 网约车平台公司应当遵守国家网络和信息安全有关规定，所采集的个人信息和生成的业务数据，应当在中国内地存储和使用，保存期限不少于 2 年，除法律法规另有规定外，上述信息和数据不得外流。

网约车平台公司不得利用其服务平台发布法律法规禁止传播的信息，不得为企业、个人及其他团体、组织发布有害信息提供便利，并采取有效措施过滤阻断有害信息传播。发现他人利用其网络服务平台传播有害信息的，应当立即停止传输，保存有关记录，并向国家有关机关报告。

网约车平台公司应当依照法律规定，为公安机关依法开展国家安全工作，防范、调查违法犯罪活动提供必要的技术支持与协助。

## ● *司法解释及文件*

14. **《最高人民法院关于审理使用人脸识别技术处理个人信息相关民事案件适用法律若干问题的规定》**（2021 年 7 月 27 日）

**第 11 条** 信息处理者采用格式条款与自然人订立合同，要求自然人授予其无期限限制、不可撤销、可任意转授权等处理人脸信息的权利，该自然人依据民法典第四百九十七条请求确认格式条款无效的，人民法院依法予以支持。

**第二十条 【共同处理的责任承担】**

两个以上的个人信息处理者共同决定个人信息的处理目的和处理方式的，应当约定各自的权利和义务。但是，该约定不影响个人向其中任何一个个人信息处理者要求行使本法规定的权利。

个人信息处理者共同处理个人信息，侵害个人信息权益造成损害的，应当依法承担连带责任。



## ● 法　律

1. **《中华人民共和国民法典》**（2020 年 5 月 28 日）

**第 178 条** 二人以上依法承担连带责任的，权利人有权请求部分或者全部连带责任人承担责任。

连带责任人的责任份额根据各自责任大小确定；难以确定责任大小的，平均承担责任。实际承担责任超过自己责任份额的连带责任人，有权向其他连带责任人追偿。

连带责任，由法律规定或者当事人约定。

**第 468 条** 非因合同产生的债权债务关系，适用有关该债权债务关系的法律规定；没有规定的，适用本编通则的有关规定，但是根据其性质不能适用的除外。

**第 519 条** 连带债务人之间的份额难以确定的，视为份额相同。

实际承担债务超过自己份额的连带债务人，有权就超出部分在其他连带债务人未履行的份额范围内向其追偿，并相应地享有债权人的权利，但是不得损害债权人的利益。其他连带债务人对债权人的抗辩，可以向该债务人主张。

被追偿的连带债务人不能履行其应分担份额的，其他连带债务人应当在相应范围内按比例分担。

**第 520 条** 部分连带债务人履行、抵销债务或者提存标的物的，其他债务人对债权人的债务在相应范围内消灭；该债务人可以依据前条规定向其他债务人追偿。

部分连带债务人的债务被债权人免除的，在该连带债务人应当承担的份额范围内，其他债务人对债权人的债务消灭。

部分连带债务人的债务与债权人的债权同归于一人的，在扣除该债务人应当承担的份额后，债权人对其他债务人的债权继续存在。

债权人对部分连带债务人的给付受领迟延的，对其他连带债务人发生效力。

**第995条** 人格权受到侵害的，受害人有权依照本法和其他法律的规定请求行为人承担民事责任。受害人的停止侵害、排除妨碍、消除危险、消除影响、恢复名誉、赔礼道歉请求权，不适用诉讼时效的规定。

**第1165条** 行为人因过错侵害他人民事权益造成损害的，应当承担侵权责任。

依照法律规定推定行为人有过错，其不能证明自己没有过错的，应当承担侵权责任。

**第1166条** 行为人造成他人民事权益损害，不论行为人有无过错，法律规定应当承担侵权责任的，依照其规定。

**第1168条** 二人以上共同实施侵权行为，造成他人损害的，应当承担连带责任。

**第1169条** 教唆、帮助他人实施侵权行为的，应当与行为人承担连带责任。

教唆、帮助无民事行为能力人、限制民事行为能力人实施侵权行为的，应当承担侵权责任；该无民事行为能力人、限制民事行为能力人的监护人未尽到监护职责的，应当承担相应的责任。

**第1170条** 二人以上实施危及他人人身、财产安全的行为，其中一人或者数人的行为造成他人损害，能够确定具体侵权人的，由侵权人承担责任；不能确定具体侵权人的，行为人承担连带责任。

**第1171条** 二人以上分别实施侵权行为造成同一损害，每个人的侵权行为都足以造成全部损害的，行为人承担连带责任。

**第1182条** 侵害他人人身权益造成财产损失的，按照被侵权人因此受到的损失或者侵权人因此获得的利益赔偿；被侵权人因此受到的损失以及侵权人因此获得的利益难以确定，被侵权人和侵权人就赔偿数额协商不一致，向人民法院提起诉讼的，由人民法院根据实际情况确定赔偿数额。

**第1195条** 网络用户利用网络服务实施侵权行为的，权利人有权通知网络服务提供者采取删除、屏蔽、断开链接等必要措施。通知应当包括构成侵权的初步证据及权利人的真实身份信息。

网络服务提供者接到通知后，应当及时将该通知转送相关网络用户，并根据构成侵权的初步证据和服务类型采取必要措施；未及时采取必要措施的，对损害的扩大部分与该网络用户承担连带责任。

权利人因错误通知造成网络用户或者网络服务提供者损害的，应当承担侵权责任。法律另有规定的，依照其规定。

**第1196条** 网络用户接到转送的通知后，可以向网络服务提供者提交不存在侵权行为的声明。声明应当包括不存在侵权行为的初步证据及网络用户的真实身份信息。

网络服务提供者接到声明后，应当将该声明转送发出通知的权利人，并告知其可以向有关部门投诉或者向人民法院提起诉讼。网络服务提供者在转送声明到达权利人后的合理期限内，未收到权利人已经投诉或者提起诉讼通知的，应当及时终止所采取的措施。

**第1197条** 网络服务提供者知道或者应当知道网络用户利用其网络服务侵害他人民事权益，未采取必要措施的，与该网络用户承担连带责任。

● ***司法解释及文件***

**2.《最高人民法院关于审理使用人脸识别技术处理个人信息相关民事案件适用法律若干问题的规定》**（2021年7月27日）

**第7条** 多个信息处理者处理人脸信息侵害自然人人格权益，该自然人主张多个信息处理者按照过错程度和造成损害结果的大小承担侵权责任的，人民法院依法予以支持；符合民法典第一千一百六十八条、第一千一百六十九条第一款、第一千一百七十条、第一千一百七十一条等规定的相应情形，该自然人主张多个信息处理者承担连带责任的，人民法院依法予以支持。

信息处理者利用网络服务处理人脸信息侵害自然人人格权益的，适用民法典第一千一百九十五条、第一千一百九十六条、第一千一百九十七条等规定。

## 第二十一条 【委托处理】

个人信息处理者委托处理个人信息的，应当与受托人约定委托处理的目的、期限、处理方式、个人信息的种类、保护措施以及双方的权利和义务等，并对受托人的个人信息处理活动进行监督。

受托人应当按照约定处理个人信息，不得超出约定的处理目的、处理方式等处理个人信息；委托合同不生效、无效、被撤销或者终止的，受托人应当将个人信息返还个人信息处理者或者予以删除，不得保留。

未经个人信息处理者同意，受托人不得转委托他人处理个人信息。

### ● 法 律

1. **《中华人民共和国民法典》**（2020 年 5 月 28 日）

**第 470 条** 合同的内容由当事人约定，一般包括下列条款：

（一）当事人的姓名或者名称和住所；

（二）标的；

（三）数量；

（四）质量；

（五）价款或者报酬；

（六）履行期限、地点和方式；

（七）违约责任；

（八）解决争议的方法。

当事人可以参照各类合同的示范文本订立合同。

**第 919 条** 委托合同是委托人和受托人约定，由受托人处理委托人事务的合同。

**第 920 条** 委托人可以特别委托受托人处理一项或者数项事务，也可以概括委托受托人处理一切事务。

**第 921 条** 委托人应当预付处理委托事务的费用。受托人为处理委托事务垫付的必要费用，委托人应当偿还该费用并支付利息。

**第 922 条** 受托人应当按照委托人的指示处理委托事务。需要变更委托人指示的，应当经委托人同意；因情况紧急，难以和委托人取得联系的，受托人应当妥善处理委托事务，但是事后应当将该情况及时报告委托人。

**第 923 条** 受托人应当亲自处理委托事务。经委托人同意，受托人可以转委托。转委托经同意或者追认的，委托人可以就委托事务直接指示转委托的第三人，受托人仅就第三人的选任及其对第三人的指示承担责任。转委托未经同意或者追认的，受托人应当对转委托的第三人的行为承担责任；但是，在紧急情况下受托人为了维护委托人的利益需要转委托第三人的除外。

**第 924 条** 受托人应当按照委托人的要求，报告委托事务的处理情况。委托合同终止时，受托人应当报告委托事务的结果。

**第 925 条** 受托人以自己的名义，在委托人的授权范围内与第三人订立的合同，第三人在订立合同时知道受托人与委托人之间的代理关系的，该合同直接约束委托人和第三人；但是，有确切证据证明该合同只约束受托人和第三人的除外。

**第 926 条** 受托人以自己的名义与第三人订立合同时，第三人不知道受托人与委托人之间的代理关系的，受托人因第三人的原因对委托人不履行义务，受托人应当向委托人披露第三人，委托人因此可以行使受托人对第三人的权利。但是，第三人与受托人订立合同时如果知道该委托人就不会订立合同的除外。

受托人因委托人的原因对第三人不履行义务，受托人应当向第三人披露委托人，第三人因此可以选择受托人或者委托人作为相对人主张其权利，但是第三人不得变更选定的相对人。

委托人行使受托人对第三人的权利的，第三人可以向委托人主张其对受托人的抗辩。第三人选定委托人作为其相对人的，委托人可以向第三人主张其对受托人的抗辩以及受托人对第三人的抗辩。

**第 927 条** 受托人处理委托事务取得的财产，应当转交给委托人。

**第 928 条** 受托人完成委托事务的，委托人应当按照约定向其支付报酬。

因不可归责于受托人的事由，委托合同解除或者委托事务不能完成的，委托人应当向受托人支付相应的报酬。当事人另有约定的，按照其约定。

**第 929 条** 有偿的委托合同，因受托人的过错造成委托人损失的，委托人可以请求赔偿损失。无偿的委托合同，因受托人的故意或者重大过失造成委托人损失的，委托人可以请求赔偿损失。

受托人超越权限造成委托人损失的，应当赔偿损失。

**第930条** 受托人处理委托事务时，因不可归责于自己的事由受到损失的，可以向委托人请求赔偿损失。

**第931条** 委托人经受托人同意，可以在受托人之外委托第三人处理委托事务。因此造成受托人损失的，受托人可以向委托人请求赔偿损失。

**第932条** 两个以上的受托人共同处理委托事务的，对委托人承担连带责任。

**第933条** 委托人或者受托人可以随时解除委托合同。因解除合同造成对方损失的，除不可归责于该当事人的事由外，无偿委托合同的解除方应当赔偿因解除时间不当造成的直接损失，有偿委托合同的解除方应当赔偿对方的直接损失和合同履行后可以获得的利益。

**第934条** 委托人死亡、终止或者受托人死亡、丧失民事行为能力、终止的，委托合同终止；但是，当事人另有约定或者根据委托事务的性质不宜终止的除外。

**第935条** 因委托人死亡或者被宣告破产、解散，致使委托合同终止将损害委托人利益的，在委托人的继承人、遗产管理人或者清算人承受委托事务之前，受托人应当继续处理委托事务。

**第936条** 因受托人死亡、丧失民事行为能力或者被宣告破产、解散，致使委托合同终止的，受托人的继承人、遗产管理人、法定代理人或者清算人应当及时通知委托人。因委托合同终止将损害委托人利益的，在委托人作出善后处理之前，受托人的继承人、遗产管理人、法定代理人或者清算人应当采取必要措施。

2. **《中华人民共和国数据安全法》**（2021年6月10日）

**第40条** 国家机关委托他人建设、维护电子政务系统，存储、加工政务数据，应当经过严格的批准程序，并应当监督受托方履行相应的数据安全保护义务。受托方应当依照法律、法规的规定和合同约定履行数据安全保护义务，不得擅自留存、使用、泄露或者向他人提供政务数据。

● *部门规章及文件*

3. **《电信和互联网用户个人信息保护规定》**（2013 年 7 月 16 日）

**第 11 条** 电信业务经营者、互联网信息服务提供者委托他人代理市场销售和技术服务等直接面向用户的服务性工作，涉及收集、使用用户个人信息的，应当对代理人的用户个人信息保护工作进行监督和管理，不得委托不符合本规定有关用户个人信息保护要求的代理人代办相关服务。

第二章

● *国家标准*

4. **《信息安全技术 个人信息安全规范》**（2020 年 3 月 6 日 GB/T 35273－2020）

9.1 委托处理

个人信息控制者委托第三方处理个人信息时，应符合以下要求：

a）个人信息控制者作出委托行为，不应超出已征得个人信息主体授权同意的范围或应遵守 5.6 所列情形；

b）个人信息控制者应对委托行为进行个人信息安全影响评估，确保受委托者达到 11.5 的数据安全能力要求；

c）受委托者应：

1）严格按照个人信息控制者的要求处理个人信息。受委托者因特殊原因未按照个人信息控制者的要求处理个人信息的，应及时向个人信息控制者反馈；

2）受委托者确需再次委托时，应事先征得个人信息控制者的授权；

3）协助个人信息控制者响应个人信息主体基于 8.1～8.6 提出的请求；

4）受委托者在处理个人信息过程中无法提供足够的安全保护水平或发生了安全事件的，应及时向个人信息控制者反馈；

5）在委托关系解除时不再存储相关个人信息。

d）个人信息控制者应对受委托者进行监督，方式包括但不限于：

1）通过合同等方式规定受委托者的责任和义务；

2）对受委托者进行审计。

e）个人信息控制者应准确记录和存储委托处理个人信息的情况；

f）个人信息控制者得知或者发现受委托者未按照委托要求处理个人信息，或未能有效履行个人信息安全保护责任的，应立即要求受托者停止相关行为，且采取或要求受委托者采取有效补救措施（如更改口令、回收权限、断开网络连接等）控制或消除个人信息面临的安全风险。必要时个人信息控制者应终止与受委托者的业务关系，并要求受委托者及时删除从个人信息控制者获得的个人信息。

## 第二十二条 【个人信息的移转】

个人信息处理者因合并、分立、解散、被宣告破产等原因需要转移个人信息的，应当向个人告知接收方的名称或者姓名和联系方式。接收方应当继续履行个人信息处理者的义务。接收方变更原先的处理目的、处理方式的，应当依照本法规定重新取得个人同意。

### ● 法 律

1. **《中华人民共和国民法典》**（2020 年 5 月 28 日）

**第 67 条** 法人合并的，其权利和义务由合并后的法人享有和承担。

法人分立的，其权利和义务由分立后的法人享有连带债权，承担连带债务，但是债权人和债务人另有约定的除外。

**第 68 条** 有下列原因之一并依法完成清算、注销登记的，法人终止：

（一）法人解散；

（二）法人被宣告破产；

（三）法律规定的其他原因。

法人终止，法律、行政法规规定须经有关机关批准的，依照其规定。

**第 69 条** 有下列情形之一的，法人解散：

（一）法人章程规定的存续期间届满或者法人章程规定的其他解散事由出现；

（二）法人的权力机构决议解散；

（三）因法人合并或者分立需要解散；

（四）法人依法被吊销营业执照、登记证书，被责令关闭或者被撤销；

（五）法律规定的其他情形。

**第 108 条** 非法人组织除适用本章规定外，参照适用本编第三章第一节的有关规定。

2. **《中华人民共和国公司法》**（2018年10月26日）

**第172条** 公司合并可以采取吸收合并或者新设合并。

一个公司吸收其他公司为吸收合并，被吸收的公司解散。两个以上公司合并设立一个新的公司为新设合并，合并各方解散。

## 第二十三条 【向他人提供个人信息】

个人信息处理者向其他个人信息处理者提供其处理的个人信息的，应当向个人告知接收方的名称或者姓名、联系方式、处理目的、处理方式和个人信息的种类，并取得个人的单独同意。接收方应当在上述处理目的、处理方式和个人信息的种类等范围内处理个人信息。接收方变更原先的处理目的、处理方式的，应当依照本法规定重新取得个人同意。

### ● 法　律

1. **《中华人民共和国网络安全法》**（2016年11月7日）

**第42条** 网络运营者不得泄露、篡改、毁损其收集的个人信息；未经被收集者同意，不得向他人提供个人信息。但是，经过处理无法识别特定个人且不能复原的除外。

网络运营者应当采取技术措施和其他必要措施，确保其收集的个人信息安全，防止信息泄露、毁损、丢失。在发生或者可能发生个人信息泄露、毁损、丢失的情况时，应当立即采取补救措施，按照规定及时告知用户并向有关主管部门报告。

**第44条** 任何个人和组织不得窃取或者以其他非法方式获取个人信息，不得非法出售或者非法向他人提供个人信息。

2. **《中华人民共和国民法典》**（2020年5月28日）

**第111条** 自然人的个人信息受法律保护。任何组织或者个人需要获取他人个人信息的，应当依法取得并确保信息安全，不得非法收集、使用、加工、传输他人个人信息，不得非法买卖、提供或者公开他人个人信息。

**第1038条** 信息处理者不得泄露或者篡改其收集、存储的个人信息；未经自然人同意，不得向他人非法提供其个人信息，但是经过加工无法识别特定个人且不能复原的除外。

信息处理者应当采取技术措施和其他必要措施，确保其收集、存储的个人信息安全，防止信息泄露、篡改、丢失；发生或者可能发生个人信息泄露、篡改、丢失的，应当及时采取补救措施，按照规定告知自然人并向有关主管部门报告。

## 第二十四条 【自动化决策】

个人信息处理者利用个人信息进行自动化决策，应当保证决策的透明度和结果公平、公正，不得对个人在交易价格等交易条件上实行不合理的差别待遇。

通过自动化决策方式向个人进行信息推送、商业营销，应当同时提供不针对其个人特征的选项，或者向个人提供便捷的拒绝方式。

通过自动化决策方式作出对个人权益有重大影响的决定，个人有权要求个人信息处理者予以说明，并有权拒绝个人信息处理者仅通过自动化决策的方式作出决定。

### ● 法 律

1. **《中华人民共和国电子商务法》**（2018 年 8 月 31 日）

**第 18 条** 电子商务经营者根据消费者的兴趣爱好、消费习惯等特征向其提供商品或者服务的搜索结果的，应当同时向该消费者提供不针对其个人特征的选项，尊重和平等保护消费者合法权益。

电子商务经营者向消费者发送广告的，应当遵守《中华人民共和国广告法》的有关规定。

2. **《中华人民共和国消费者权益保护法》**（2013 年 10 月 25 日）

**第 10 条** 消费者享有公平交易的权利。

消费者在购买商品或者接受服务时，有权获得质量保障、价格合理、计量正确等公平交易条件，有权拒绝经营者的强制交易行为。

**第 29 条第 3 款** 经营者未经消费者同意或者请求，或者消费者明确表示拒绝的，不得向其发送商业性信息。

**3. 《全国人民代表大会常务委员会关于加强网络信息保护的决定》**（2012年12月28日）

**七、**任何组织和个人未经电子信息接收者同意或者请求，或者电子信息接收者明确表示拒绝的，不得向其固定电话、移动电话或者个人电子邮箱发送商业性电子信息。

第二章

### ● 部门规章及文件

**4. 《网络交易监督管理办法》**（2021年3月15日）

**第16条** 网络交易经营者未经消费者同意或者请求，不得向其发送商业性信息。

网络交易经营者发送商业性信息时，应当明示其真实身份和联系方式，并向消费者提供显著、简便、免费的拒绝继续接收的方式。消费者明确表示拒绝的，应当立即停止发送，不得更换名义后再次发送。

**5. 《在线旅游经营服务管理暂行规定》**（2020年8月20日）

**第15条** 在线旅游经营者不得滥用大数据分析等技术手段，基于旅游者消费记录、旅游偏好等设置不公平的交易条件，侵犯旅游者合法权益。

### ● 国家标准

**6. 《信息安全技术 个人信息安全规范》**（2020年3月6日 GB/T 35273－2020）

3.8 用户画像 user profiling

通过收集、汇聚、分析个人信息，对某特定自然人个人特征，如职业、经济、健康、教育、个人喜好、信用、行为等方面作出分析或预测，形成其个人特征模型的过程。

注：直接使用特定自然人的个人信息，形成该自然人的特征模型，称为直接用户画像。使用来源于特定自然人以外的个人信息，如其所在群体的数据，形成该自然人的特征模型，称为间接用户画像。

3.16 个性化展示 personalized display

基于特定个人信息主体的网络浏览历史、兴趣爱好、消费记录和习惯等个人信息，向该个人信息主体展示信息内容、提供商品或服务的搜索结果等活动。

7.4 用户画像的使用限制

对个人信息控制者的要求包括：

a）用户画像中对个人信息主体的特征描述，不应：

1）包含淫秽、色情、赌博、迷信、恐怖、暴力的内容；

2）表达对民族、种族、宗教、残疾、疾病歧视的内容。

b）在业务运营或对外业务合作中使用用户画像的，不应：

1）侵害公民、法人和其他组织的合法权益；

2）危害国家安全、荣誉和利益，煽动颠覆国家政权、推翻社会主义制度，煽动分裂国家、破坏国家统一，宣扬恐怖主义、极端主义，宣扬民族仇恨、民族歧视，传播暴力、淫秽色情信息，编造、传播虚假信息扰乱经济秩序和社会秩序。

c）除为实现个人信息主体授权同意的使用目的所必需外，使用个人信息时应消除明确身份指向性，避免精确定位到特定个人。例如，为准确评价个人信用状况，可使用直接用户画像，而用于推送商业广告目的时，则宜使用间接用户画像。

7.5 个性化展示的使用

对个人信息控制者的要求包括：

a）在向个人信息主体提供业务功能的过程中使用个性化展示的，应显著区分个性化展示的内容和非个性化展示的内容；

注：显著区分的方式包括但不限于：标明“定推”等字样，或通过不同的栏目、版块、页面分别展示等。

b）在向个人信息主体提供电子商务服务的过程中，根据消费者的兴趣爱好、消费习惯等特征向其提供商品或者服务搜索结果的个性化展示的，应当同时向该消费者提供不针对其个人特征的选项；

注：基于个人信息主体所选择的特定地理位置进行展示、搜索结果排序，且不因个人信息主体身份不同展示不一样的内容和搜索结果排序，则属于不针对其个人特征的选项。

c）在向个人信息主体推送新闻信息服务的过程中使用个性化展示的，应：

1）为个人信息主体提供简单直观的退出或关闭个性化展示模式的选项；

2）当个人信息主体选择退出或关闭个性化展示模式时，向个人信息主体提供删除或匿名化定向推送活动所基于的个人信息的选项。

d）在向个人信息主体提供业务功能的过程中使用个性化展示的，宜建立个人信息主体对个性化展示所依赖的个人信息（如标签、画像维度等）的自主控制机制，保障个人信息主体调控个性化展示相关性程度的能力。

## 第二十五条 【个人信息的公开】

个人信息处理者不得公开其处理的个人信息，取得个人单独同意的除外。



### ● 法　律

**1.《中华人民共和国网络安全法》**（2016 年 11 月 7 日）

**第 40 条**　网络运营者应当对其收集的用户信息严格保密，并建立健全用户信息保护制度。

**2.《中华人民共和国数据安全法》**（2021 年 6 月 10 日）

**第 38 条**　国家机关为履行法定职责的需要收集、使用数据，应当在其履行法定职责的范围内依照法律、行政法规规定的条件和程序进行；对在履行职责中知悉的个人隐私、个人信息、商业秘密、保密商务信息等数据应当依法予以保密，不得泄露或者非法向他人提供。

**3.《中华人民共和国民法典》**（2020 年 5 月 28 日）

**第 1033 条**　除法律另有规定或者权利人明确同意外，任何组织或者个人不得实施下列行为：

（一）以电话、短信、即时通讯工具、电子邮件、传单等方式侵扰他人的私人生活安宁；

（二）进入、拍摄、窥视他人的住宅、宾馆房间等私密空间；

（三）拍摄、窥视、窃听、公开他人的私密活动；

（四）拍摄、窥视他人身体的私密部位；

（五）处理他人的私密信息；

（六）以其他方式侵害他人的隐私权。

**第 1039 条**　国家机关、承担行政职能的法定机构及其工作人员对于履行职责过程中知悉的自然人的隐私和个人信息，应当予以保密，不得泄露或者向他人非法提供。

4.**《中华人民共和国电子商务法》**（2018年8月31日）

**第25条** 有关主管部门依照法律、行政法规的规定要求电子商务经营者提供有关电子商务数据信息的，电子商务经营者应当提供。有关主管部门应当采取必要措施保护电子商务经营者提供的数据信息的安全，并对其中的个人信息、隐私和商业秘密严格保密，不得泄露、出售或者非法向他人提供。

5.**《中华人民共和国消费者权益保护法》**（2013年10月25日）

**第29条第2款** 经营者及其工作人员对收集的消费者个人信息必须严格保密，不得泄露、出售或者非法向他人提供。经营者应当采取技术措施和其他必要措施，确保信息安全，防止消费者个人信息泄露、丢失。在发生或者可能发生信息泄露、丢失的情况时，应当立即采取补救措施。

6.**《全国人民代表大会常务委员会关于加强网络信息保护的决定》**（2012年12月28日）

**三、**网络服务提供者和其他企业事业单位及其工作人员对在业务活动中收集的公民个人电子信息必须严格保密，不得泄露、篡改、毁损，不得出售或者非法向他人提供。

● ***行政法规及文件***

7.**《中华人民共和国政府信息公开条例》**（2019年4月3日）

**第14条** 依法确定为国家秘密的政府信息，法律、行政法规禁止公开的政府信息，以及公开后可能危及国家安全、公共安全、经济安全、社会稳定的政府信息，不予公开。

**第15条** 涉及商业秘密、个人隐私等公开会对第三方合法权益造成损害的政府信息，行政机关不得公开。但是，第三方同意公开或者行政机关认为不公开会对公共利益造成重大影响的，予以公开。

**第16条** 行政机关的内部事务信息，包括人事管理、后勤管理、内部工作流程等方面的信息，可以不予公开。

行政机关在履行行政管理职能过程中形成的讨论记录、过程稿、磋商信函、请示报告等过程性信息以及行政执法案卷信息，可以不予公开。法律、法规、规章规定上述信息应当公开的，从其规定。

**第37条** 申请公开的信息中含有不应当公开或者不属于政府信息的内

容，但是能够作区分处理的，行政机关应当向申请人提供可以公开的政府信息内容，并对不予公开的内容说明理由。

● *司法解释及文件*

**8.《最高人民法院关于审理利用信息网络侵害人身权益民事纠纷案件适用法律若干问题的规定》**（2020 年 12 月 29 日）

**第 12 条** 被侵权人为制止侵权行为所支付的合理开支，可以认定为民法典第一千一百八十二条规定的财产损失。合理开支包括被侵权人或者委托代理人对侵权行为进行调查、取证的合理费用。人民法院根据当事人的请求和具体案情，可以将符合国家有关部门规定的律师费用计算在赔偿范围内。

被侵权人因人身权益受侵害造成的财产损失以及侵权人因此获得的利益难以确定的，人民法院可以根据具体案情在 50 万元以下的范围内确定赔偿数额。

**9.《最高人民法院关于审理政府信息公开行政案件若干问题的规定》**（2011 年 7 月 29 日）

**第 5 条** 被告拒绝向原告提供政府信息的，应当对拒绝的根据以及履行法定告知和说明理由义务的情况举证。

因公共利益决定公开涉及商业秘密、个人隐私政府信息的，被告应当对认定公共利益以及不公开可能对公共利益造成重大影响的理由进行举证和说明。

被告拒绝更正与原告相关的政府信息记录的，应当对拒绝的理由进行举证和说明。

被告能够证明政府信息涉及国家秘密，请求在诉讼中不予提交的，人民法院应当准许。

被告主张政府信息不存在，原告能够提供该政府信息系由被告制作或者保存的相关线索的，可以申请人民法院调取证据。

被告以政府信息与申请人自身生产、生活、科研等特殊需要无关为由不予提供的，人民法院可以要求原告对特殊需要事由作出说明。

原告起诉被告拒绝更正政府信息记录的，应当提供其向被告提出过更正申请以及政府信息与其自身相关且记录不准确的事实根据。

**第二十六条 【公共场所收集规则】**

在公共场所安装图像采集、个人身份识别设备，应当为维护公共安全所必需，遵守国家有关规定，并设置显著的提示标识。所收集的个人图像、身份识别信息只能用于维护公共安全的目的，不得用于其他目的；取得个人单独同意的除外。

## ● 法 律

**1.《中华人民共和国民法典》**（2020年5月28日）

**第1020条** 合理实施下列行为的，可以不经肖像权人同意：

（一）为个人学习、艺术欣赏、课堂教学或者科学研究，在必要范围内使用肖像权人已经公开的肖像；

（二）为实施新闻报道，不可避免地制作、使用、公开肖像权人的肖像；

（三）为依法履行职责，国家机关在必要范围内制作、使用、公开肖像权人的肖像；

（四）为展示特定公共环境，不可避免地制作、使用、公开肖像权人的肖像；

（五）为维护公共利益或者肖像权人合法权益，制作、使用、公开肖像权人的肖像的其他行为。

**2.《中华人民共和国反恐怖主义法》**（2018年4月27日）

**第27条** 地方各级人民政府制定、组织实施城乡规划，应当符合反恐怖主义工作的需要。

地方各级人民政府应当根据需要，组织、督促有关建设单位在主要道路、交通枢纽、城市公共区域的重点部位，配备、安装公共安全视频图像信息系统等防范恐怖袭击的技防、物防设备、设施。

## ● 部门规章及文件

**3.《关于加强公共安全视频监控建设联网应用工作的意见》**（2015年5月6日）

国务院有关部门、直属机构，各省、自治区、直辖市发展改革委、综治办、公安厅（局）、科技厅（委）、经济和信息化委员会（工业和信息化委员会、工业和信息化厅、经委、经贸委)、通信管理局、财政厅（局)、人力资源社会保障厅（局)、住房和城乡建设厅（委)、交通运输厅（局、委)：

公共安全视频监控建设联网应用，是新形势下维护国家安全和社会稳定、预防和打击暴力恐怖犯罪的重要手段，对于提升城乡管理水平、创新社会治理体制具有重要意义。近年来，各地大力推进视频监控系统建设，在打击犯罪、治安防范、社会管理、服务民生等方面发挥了积极作用。但随着视频监控建设应用不断深入，现有法律法规不完善、统筹规划不到位、联网共享不规范、管理机制不健全等问题日益突出，严重制约了立体化社会治安防控体系建设发展。为贯彻党中央、国务院关于加强社会治安防控工作的有关要求，落实中央关于深化社会体制改革的部署，推进平安中国建设，现就加强公共安全视频监控建设联网应用工作提出以下意见：

**一、指导思想、基本原则和主要目标**

（一）指导思想。

以邓小平理论、“三个代表”重要思想、科学发展观为指导，认真贯彻党的十八大和十八届三中、四中全会精神，围绕建设平安中国、法治中国的总目标，坚持机制创新、管理创新和技术创新，结合智慧城市和网格化服务管理系统建设，推动公共安全视频监控建设集约化、联网规范化、应用智能化，为进一步推进立体化社会治安防控体系建设，提升社会治理能力现代化水平，保障人民安居乐业，维护国家安全和社会安定有序提供有力支撑。

（二）基本原则。

坚持依规建设、按需联网、整合资源、规范应用、分级保障、安全可控。各地区、各部门要依据国家相关法律、法规、政策和技术标准，应用安全可控的技术和产品，统筹公共安全视频监控系统建设，避免重复投资；按照维护国家安全、社会公共安全的实际需要，推动公共安全视频监控系统联网，整合各类视频图像资源；规范管理、确保安全，推进和保障各地区、各部门对视频图像资源的共享应用；权责一致、分级分类投入、社会参与，加强公共安全视频监控建设联网应用工作的保障。

（三）主要目标。

到2020年，基本实现“全域覆盖、全网共享、全时可用、全程可控”的公共安全视频监控建设联网应用，在加强治安防控、优化交通出行、服务城市管理、创新社会治理等方面取得显著成效。

——全域覆盖。重点公共区域视频监控覆盖率达到100%，新建、改建高清摄像机比例达到100%；重点行业、领域的重要部位视频监控覆盖率达到100%，逐步增加高清摄像机的新建、改建数量。

——全网共享。重点公共区域视频监控联网率达到100%；重点行业、领域涉及公共区域的视频图像资源联网率达到100%。

——全时可用。重点公共区域安装的视频监控摄像机完好率达到98%，重点行业、领域安装的涉及公共区域的视频监控摄像机完好率达到95%，实现视频图像信息的全天候应用。

——全程可控。公共安全视频监控系统联网应用的分层安全体系基本建成，实现重要视频图像信息不失控，敏感视频图像信息不泄露。

**二、加强顶层设计，推动重点领域建设**

（四）注重统筹规划。各地应将公共安全视频监控建设联网应用工作纳入本地区经济社会发展和城乡规划统筹考虑，结合经济社会发展实际，制定公共安全视频监控建设联网应用工作实施方案，服务纵向贯通、横向集成、分级应用的社会治安综合治理信息系统建设。2015 年 9 月底前，各省（自治区、直辖市）、兵团、计划单列市应编制完成公共安全视频监控建设联网应用工作实施方案。

（五）推进重点建设。各部门应按照职能分工，根据公共安全领域的有关标准规范，划分不同区域、部位的社会治安风险等级，明确安全防护级别和视频图像信息属性类别，指导推进本行业、领域内重要部位视频监控系统建设。各地区按照城镇道路交叉口无死角，主要道路关键节点无盲区，人员密集区域无遗漏，以及要害部位、重要涉外场所、案件高发区域、治安复杂场所主要出入口全覆盖的要求，有重点、有步骤地推进公共安全视频监控建设联网应用工作，提高重点公共区域视频监控系统覆盖密度和建设质量，实现重点公共区域全覆盖。

（六）指导分类建设。公安机关要加强对治安保卫重点单位公共安全视频监控系统建设的指导与监督，完善视频监控建设联网应用标准体系，加快关键标准制修订，有效规范视频监控建设联网应用；要积极指导一般企事业单位、商户根据自身安全防范需求开展视频监控建设，加大城乡接合部、农村公共区域、重点林区、风景名胜区、自然遗产保护区以及省、县级行政区域重点界线界桩、界线重点地段等的视频监控系统建设力度，组织开展试点建设，逐步实现城乡视频监控一体化。公安部、民政部、住房城乡建设部、中央综治办、国家发展改革委、工业和信息化部会同有关部门制定政策，推进城乡社区、住宅小区、地下管廊在新建、改建、扩建过程中开展视频监控系统建设，完善已建成的视频监控系统，进一步织密视频监控网络。

**三、加强资源整合，推动联网共享应用**

（七）强化系统联网。依托现有的视频图像传输网络等基础网络设施，以公安机关视频图像共享平台为核心，以既有的政府信息管理系统为基础，以城乡网格化建设为抓手，分级有效整合各类视频图像资源，促进点位互补、网络互联、平台互通，逐步对接基层综合服务管理平台，最大限度实现公共区域视频图像资源的联网共享。各部门要指导推动本行业、领域涉及公共区域的视频监控系统的升级改造，实现与公安机关视频图像共享平台联网对接。

（八）健全共享机制。按照统筹需求、分级管理原则，建立健全跨地区、跨部门视频图像信息共享应用机制、安全使用审核制度和技术标准体系，加强部门协作和业务协同。各级政府职能部门应当依照法律规定使用处理有关视频图像资源，根据业务需求，可以采取无偿实时调取、离线采集等多种方式。

（九）拓宽应用领域。按照依法授权使用、分级分类监管的原则，探索公共安全视频图像信息新的应用领域，研究视频图像信息资源的社会化开发管理模式，鼓励有条件的地方依托公安机关视频图像共享平台，在严格依法、严格审批、安全可控的前提下，逐步开展视频图像信息在城乡社会治理、智能交通、服务民生、生态建设与保护等领域的应用，为社会和群众提供更多更好的服务。

**四、加强机制创新，促进长效规范发展**

（十）完善法律法规及政策。加快推进视频图像信息安全、数据保护、个人隐私保护等方面的立法工作。抓紧制定出台行政法规《安全技术防范管理条例》，完善政策措施，规范重点公共区域和重点行业、领域公共安全视频监控系统的建设、联网和信息使用。加强地方配套立法和政策支持，加快研究制定视频图像信息在安全使用、保护隐私等方面的具体办法和措施。

（十一）创新管理方式。建立重点公共区域和重点行业、领域视频监控系统的备案监管制度和日常管理机制，完善公共安全视频监控系统项目的方案论证、安全评价、检测验收、效能评估等机制，发挥监理、检测、认证等第三方专业机构的作用，创新专业运维服务机制。各地要把重点公共区域视频监控系统纳入城市公共基础设施进行管理，建立健全日常监督检查机制。各部门要严格落实重点行业、领域视频监控系统的属地管理职责，支持公共安全视频监控联网共享，谁建设、谁管理、谁维护。

（十二）加强人才队伍建设管理。建立职业化的公共安全视频监控系统管理和监看队伍，推进职业培训和评价工作，着重培养具有视频图像信息专业化分析处理研判技能的应用人才，制定监督管理工作规范，提高业务素质和职业道德素质。建立健全人才引进、培养、激励机制，完善科学合理的绩效管理制度。

**五、加强科技创新，提升技术支撑能力**

（十三）推动集成应用。运用数据挖掘、人像比对、车牌识别、智能预警、无线射频、地理信息、北斗导航等现代技术，在充分考虑技术成熟度的基础上，加大在公共安全视频监控系统中的集成应用力度，提高视频图像信息的综合应用水平。逐步建立国家级和省级公共安全视频图像数据处理分析中心，深化视频图像信息预测预警、实时监控、轨迹追踪、快速检索等应用。推动视频监控系统与综治视联网系统对接。

（十四）突破技术瓶颈。加强视频图像领域的关键技术攻关，实现核心芯片、关键算法等技术瓶颈的突破，为公共安全视频监控联网应用提供技术支撑。在视频图像领域建立和完善视频图像大数据分析挖掘应用等若干创新平台，以国家科技发展战略为指导，以全面发展视频图像综合应用技术为目标，解决重大关键技术及应用难题，深化科技储备、集成创新和产业化能力，提升公共安全领域的技术支撑能力。

（十五）严密安全措施。按照国家相关规定，加强网络安全传输、系统安全保障、重要信息安全管理等技术手段建设，提升公共安全视频监控系统安全防护能力。严格公共视频图像信息的使用管理，完善安全技术措施，确保安全共享、规范使用。在涉及国家安全、国家秘密的特殊领域开展公共安全视频监控建设应用工作，要严格安全准入机制，选用安全可控的产品设备和符合要求的专业服务队伍。

### 六、加强组织领导，完善综合保障体系

（十六）建立协调机制。中央综治办、国家发展改革委、中央综治办会同教育部、科技部、工业和信息化部、公安部、国家安全部、民政部、司法部、财政部、人力资源和社会保障部、环境保护部、住房城乡建设部、交通运输部、水利部、文化部、国家卫生计生委、中国人民银行、国务院国资委、质检总局、新闻出版广电总局、安全监管总局、食品药品监管总局、国家林业局、国家旅游局、国家宗教局、国务院法制办、中国银监会、中国证监会、中国保监会、国家能源局、国家国防科工局、国家铁路局、中国民用航空局、国家文物局等部门，建立跨部门工作机制，研究解决重大问题，加强对各地区的指导和监督，协调各有关部门出台推动公共安全视频监控建设联网应用的配套措施。

（十七）明确职责任务。各级地方党委和人民政府应加强对公共安全视频监控建设联网应用工作的总体协调，建立党政领导、综治牵头、公安负责、部门配合、社会参与的工作格局，制定具体实施方案，扎实推进各项工作任务的落实，按期完成本地区的公共安全视频监控建设联网应用工作。各地应将重点公共区域的视频监控系统建设、联网和维护经费列入本级政府财政预算，建立与经济社会发展相适应的经费保障机制，根据实际工作需要，确保对系统建设、运行维护予以支持；相关部门应指导本行业、领域依法依规履行安全责任，确保资金投入；要充分发挥市场作用、引导社会力量参与，拓宽多元化投资途径，鼓励和支持有条件的企事业单位履行社会职责，承担本单位周边公共区域的视频监控系统建设任务。

（十八）严格考核奖惩。各级地方党委和人民政府应把公共安全视频监控建设联网应用工作纳入综治工作（平安建设）考评体系，对开展工作情况进行经常性检查和定期考核，使各项措施落到实处，严格实行公共安全视频监控建设联网应用工作领导责任制。省级人民政府可以按照国家有关规定对先进单位和个人进行表彰奖励。

● *司法解释及文件*

**4.《最高人民法院关于审理使用人脸识别技术处理个人信息相关民事案件适用法律若干问题的规定》**（2021年7月27日）

**第1条** 因信息处理者违反法律、行政法规的规定或者双方的约定使用人脸识别技术处理人脸信息、处理基于人脸识别技术生成的人脸信息所引起

的民事案件，适用本规定。

人脸信息的处理包括人脸信息的收集、存储、使用、加工、传输、提供、公开等。

本规定所称人脸信息属于民法典第一千零三十四条规定的“生物识别信息”。

**第2条** 信息处理者处理人脸信息有下列情形之一的，人民法院应当认定属于侵害自然人人格权益的行为：

（一）在宾馆、商场、银行、车站、机场、体育场馆、娱乐场所等经营场所、公共场所违反法律、行政法规的规定使用人脸识别技术进行人脸验证、辨识或者分析；

（二）未公开处理人脸信息的规则或者未明示处理的目的、方式、范围；

（三）基于个人同意处理人脸信息的，未征得自然人或者其监护人的单独同意，或者未按照法律、行政法规的规定征得自然人或者其监护人的书面同意；

（四）违反信息处理者明示或者双方约定的处理人脸信息的目的、方式、范围等；

（五）未采取应有的技术措施或者其他必要措施确保其收集、存储的人脸信息安全，致使人脸信息泄露、篡改、丢失；

（六）违反法律、行政法规的规定或者双方的约定，向他人提供人脸信息；

（七）违背公序良俗处理人脸信息；

（八）违反合法、正当、必要原则处理人脸信息的其他情形。

**第3条** 人民法院认定信息处理者承担侵害自然人人格权益的民事责任，应当适用民法典第九百九十八条的规定，并结合案件具体情况综合考量受害人是否为未成年人、告知同意情况以及信息处理的必要程度等因素。

**第4条** 有下列情形之一，信息处理者以已征得自然人或者其监护人同意为由抗辩的，人民法院不予支持：

（一）信息处理者要求自然人同意处理其人脸信息才提供产品或者服务的，但是处理人脸信息属于提供产品或者服务所必需的除外；

（二）信息处理者以与其他授权捆绑等方式要求自然人同意处理其人脸信息的；

（三）强迫或者变相强迫自然人同意处理其人脸信息的其他情形。

**第5条** 有下列情形之一，信息处理者主张其不承担民事责任的，人民法院依法予以支持：

（一）为应对突发公共卫生事件，或者紧急情况下为保护自然人的生命健康和财产安全所必需而处理人脸信息的；

（二）为维护公共安全，依据国家有关规定在公共场所使用人脸识别技术的；

（三）为公共利益实施新闻报道、舆论监督等行为在合理的范围内处理人脸信息的；

（四）在自然人或者其监护人同意的范围内合理处理人脸信息的；

（五）符合法律、行政法规规定的其他情形。

**第6条** 当事人请求信息处理者承担民事责任的，人民法院应当依据民事诉讼法第六十四条及《最高人民法院关于适用〈中华人民共和国民事诉讼法〉的解释》第九十条、第九十一条，《最高人民法院关于民事诉讼证据的若干规定》的相关规定确定双方当事人的举证责任。

信息处理者主张其行为符合民法典第一千零三十五条第一款规定情形的，应当就此所依据的事实承担举证责任。

信息处理者主张其不承担民事责任的，应当就其行为符合本规定第五条规定的情形承担举证责任。

**第7条** 多个信息处理者处理人脸信息侵害自然人人格权益，该自然人主张多个信息处理者按照过错程度和造成损害结果的大小承担侵权责任的，人民法院依法予以支持；符合民法典第一千一百六十八条、第一千一百六十九条第一款、第一千一百七十条、第一千一百七十一条等规定的相应情形，该自然人主张多个信息处理者承担连带责任的，人民法院依法予以支持。

信息处理者利用网络服务处理人脸信息侵害自然人人格权益的，适用民法典第一千一百九十五条、第一千一百九十六条、第一千一百九十七条等规定。

**第8条** 信息处理者处理人脸信息侵害自然人人格权益造成财产损失，该自然人依据民法典第一千一百八十二条主张财产损害赔偿的，人民法院依法予以支持。

自然人为制止侵权行为所支付的合理开支，可以认定为民法典第一千一百八十二条规定的财产损失。合理开支包括该自然人或者委托代理人对侵权行为进行调查、取证的合理费用。人民法院根据当事人的请求和具体案情，可以将合理的律师费用计算在赔偿范围内。

**第9条** 自然人有证据证明信息处理者使用人脸识别技术正在实施或者即将实施侵害其隐私权或者其他人格权益的行为，不及时制止将使其合法权益受到难以弥补的损害，向人民法院申请采取责令信息处理者停止有关行为的措施的，人民法院可以根据案件具体情况依法作出人格权侵害禁令。

**第10条** 物业服务企业或者其他建筑物管理人以人脸识别作为业主或者物业使用人出入物业服务区域的唯一验证方式，不同意的业主或者物业使用人请求其提供其他合理验证方式的，人民法院依法予以支持。

物业服务企业或者其他建筑物管理人存在本规定第二条规定的情形，当事人请求物业服务企业或者其他建筑物管理人承担侵权责任的，人民法院依法予以支持。

**第11条** 信息处理者采用格式条款与自然人订立合同，要求自然人授予其无期限限制、不可撤销、可任意转授权等处理人脸信息的权利，该自然人依据民法典第四百九十七条请求确认格式条款无效的，人民法院依法予以支持。

**第12条** 信息处理者违反约定处理自然人的人脸信息，该自然人请求其承担违约责任的，人民法院依法予以支持。该自然人请求信息处理者承担违约责任时，请求删除人脸信息的，人民法院依法予以支持；信息处理者以双方未对人脸信息的删除作出约定为由抗辩的，人民法院不予支持。

**第13条** 基于同一信息处理者处理人脸信息侵害自然人人格权益发生的纠纷，多个受害人分别向同一人民法院起诉的，经当事人同意，人民法院可以合并审理。

## 第二十七条 【已公开个人信息的处理】

个人信息处理者可以在合理的范围内处理个人自行公开或者其他已经合法公开的个人信息；个人明确拒绝的除外。个人信息处理者处理已公开的个人信息，对个人权益有重大影响的，应当依照本法规定取得个人同意。

## ● 法　律

1.《中华人民共和国民法典》（2020 年 5 月 28 日）

**第 1036 条**　处理个人信息，有下列情形之一的，行为人不承担民事责任：

（一）在该自然人或者其监护人同意的范围内合理实施的行为；

（二）合理处理该自然人自行公开的或者其他已经合法公开的信息，但是该自然人明确拒绝或者处理该信息侵害其重大利益的除外；

（三）为维护公共利益或者该自然人合法权益，合理实施的其他行为。

2.《中华人民共和国个人信息保护法》（2021 年 8 月 20 日）

**第 13 条第 1 款**　符合下列情形之一的，个人信息处理者方可处理个人信息：

（一）取得个人的同意；

（二）为订立、履行个人作为一方当事人的合同所必需，或者按照依法制定的劳动规章制度和依法签订的集体合同实施人力资源管理所必需；

（三）为履行法定职责或者法定义务所必需；

（四）为应对突发公共卫生事件，或者紧急情况下为保护自然人的生命健康和财产安全所必需；

（五）为公共利益实施新闻报道、舆论监督等行为，在合理的范围内处理个人信息；

（六）依照本法规定在合理的范围内处理个人自行公开或者其他已经合法公开的个人信息；

（七）法律、行政法规规定的其他情形。

**第 18 条**　个人信息处理者处理个人信息，有法律、行政法规规定应当保密或者不需要告知的情形的，可以不向个人告知前条第一款规定的事项。

紧急情况下为保护自然人的生命健康和财产安全无法及时向个人告知的，个人信息处理者应当在紧急情况消除后及时告知。

**第 44 条**　个人对其个人信息的处理享有知情权、决定权，有权限制或者拒绝他人对其个人信息进行处理；法律、行政法规另有规定的除外。

3.《中华人民共和国证券法》（2019 年 12 月 28 日）

**第 78 条**　发行人及法律、行政法规和国务院证券监督管理机构规定的其他信息披露义务人，应当及时依法履行信息披露义务。

信息披露义务人披露的信息，应当真实、准确、完整，简明清晰，通俗易懂，不得有虚假记载、误导性陈述或者重大遗漏。

证券同时在境内境外公开发行、交易的，其信息披露义务人在境外披露的信息，应当在境内同时披露。

● *行政法规及文件*

**4.《中华人民共和国政府信息公开条例》**（2019 年 4 月 3 日）

**第 15 条** 涉及商业秘密、个人隐私等公开会对第三方合法权益造成损害的政府信息，行政机关不得公开。但是，第三方同意公开或者行政机关认为不公开会对公共利益造成重大影响的，予以公开。

● *司法解释及文件*

**5.《最高人民法院关于人民法院在互联网公布裁判文书的规定》**（2016 年 8 月 29 日）

**第 11 条** 人民法院在互联网公布裁判文书，应当保留当事人、法定代理人、委托代理人、辩护人的下列信息：

（一）除根据本规定第八条进行隐名处理的以外，当事人及其法定代理人是自然人的，保留姓名、出生日期、性别、住所地所属县、区；当事人及其法定代理人是法人或其他组织的，保留名称、住所地、组织机构代码，以及法定代表人或主要负责人的姓名、职务；

（二）委托代理人、辩护人是律师或者基层法律服务工作者的，保留姓名、执业证号和律师事务所、基层法律服务机构名称；委托代理人、辩护人是其他人员的，保留姓名、出生日期、性别、住所地所属县、区，以及与当事人的关系。

## 第二节　敏感个人信息的处理规则

### 第二十八条 【敏感个人信息的定义及处理】

敏感个人信息是一旦泄露或者非法使用，容易导致自然人的人格尊严受到侵害或者人身、财产安全受到危害的个人信息，包括生物识别、宗教信仰、特定身份、医疗健康、金融账户、行踪轨迹等信息，以及不满十四周岁未成年人的个人信息。

只有在具有特定的目的和充分的必要性，并采取严格保护措施的情形下，个人信息处理者方可处理敏感个人信息。



## ● 宪 法

**1.《中华人民共和国宪法》**（2018 年 3 月 11 日）

**第 36 条** 中华人民共和国公民有宗教信仰自由。

任何国家机关、社会团体和个人不得强制公民信仰宗教或者不信仰宗教，不得歧视信仰宗教的公民和不信仰宗教的公民。

国家保护正常的宗教活动。任何人不得利用宗教进行破坏社会秩序、损害公民身体健康、妨碍国家教育制度的活动。

宗教团体和宗教事务不受外国势力的支配。

**第 38 条** 中华人民共和国公民的人格尊严不受侵犯。禁止用任何方法对公民进行侮辱、诽谤和诬告陷害。

## ● 法 律

**2.《中华人民共和国民法典》**（2020 年 5 月 28 日）

**第 1034 条第 2 款** 个人信息是以电子或者其他方式记录的能够单独或者与其他信息结合识别特定自然人的各种信息，包括自然人的姓名、出生日期、身份证件号码、生物识别信息、住址、电话号码、电子邮箱、健康信息、行踪信息等。

**第 1034 条第 3 款** 个人信息中的私密信息，适用有关隐私权的规定；没有规定的，适用有关个人信息保护的规定。

**第 1035 条第 1 款** 处理个人信息的，应当遵循合法、正当、必要原则，不得过度处理，并符合下列条件：

（一）征得该自然人或者其监护人同意，但是法律、行政法规另有规定的除外；

（二）公开处理信息的规则；

（三）明示处理信息的目的、方式和范围；

（四）不违反法律、行政法规的规定和双方的约定。

**第 1226 条** 医疗机构及其医务人员应当对患者的隐私和个人信息保密。泄露患者的隐私和个人信息，或者未经患者同意公开其病历资料的，应当承担侵权责任。

3. **《中华人民共和国网络安全法》**（2016 年 11 月 7 日）

**第 41 条** 网络运营者收集、使用个人信息，应当遵循合法、正当、必要的原则，公开收集、使用规则，明示收集、使用信息的目的、方式和范围，并经被收集者同意。

网络运营者不得收集与其提供的服务无关的个人信息，不得违反法律、行政法规的规定和双方的约定收集、使用个人信息，并应当依照法律、行政法规的规定和与用户的约定，处理其保存的个人信息。

4. **《中华人民共和国数据安全法》**（2021 年 6 月 10 日）

**第 32 条第 2 款** 法律、行政法规对收集、使用数据的目的、范围有规定的，应当在法律、行政法规规定的目的和范围内收集、使用数据。

5. **《中华人民共和国医师法》**①（2021 年 8 月 20 日）

**第 23 条** 医师在执业活动中履行下列义务：

（一）树立敬业精神，恪守职业道德，履行医师职责，尽职尽责救治患者，执行疫情防控等公共卫生措施；

（二）遵循临床诊疗指南，遵守临床技术操作规范和医学伦理规范等；

（三）尊重、关心、爱护患者，依法保护患者隐私和个人信息；

（四）努力钻研业务，更新知识，提高医学专业技术能力和水平，提升医疗卫生服务质量；

（五）宣传推广与岗位相适应的健康科普知识，对患者及公众进行健康教育和健康指导；

（六）法律、法规规定的其他义务。

**第 56 条** 违反本法规定，医师在执业活动中有下列行为之一的，由县级以上人民政府卫生健康主管部门责令改正，给予警告，没收违法所得，并处一万元以上三万元以下的罚款；情节严重的，责令暂停六个月以上一年以下执业活动直至吊销医师执业证书：

---

① 编者注：本法自 2022 年 3 月 1 日起施行。

（一）泄露患者隐私或者个人信息；

（二）出具虚假医学证明文件，或者未经亲自诊查、调查，签署诊断、治疗、流行病学等证明文件或者有关出生、死亡等证明文件；

（三）隐匿、伪造、篡改或者擅自销毁病历等医学文书及有关资料；

（四）未按照规定使用麻醉药品、医疗用毒性药品、精神药品、放射性药品等；

（五）利用职务之便，索要、非法收受财物或者牟取其他不正当利益，或者违反诊疗规范，对患者实施不必要的检查、治疗造成不良后果；

（六）开展禁止类医疗技术临床应用。



**6.《中华人民共和国未成年人保护法》**（2020年10月17日）

**第72条** 信息处理者通过网络处理未成年人个人信息的，应当遵循合法、正当和必要的原则。处理不满十四周岁未成年人个人信息的，应当征得未成年人的父母或者其他监护人同意，但法律、行政法规另有规定的除外。

未成年人、父母或者其他监护人要求信息处理者更正、删除未成年人个人信息的，信息处理者应当及时采取措施予以更正、删除，但法律、行政法规另有规定的除外。

**7.《中华人民共和国反恐怖主义法》**（2018年4月27日）

**第50条** 公安机关调查恐怖活动嫌疑，可以依照有关法律规定对嫌疑人员进行盘问、检查、传唤，可以提取或者采集肖像、指纹、虹膜图像等人体生物识别信息和血液、尿液、脱落细胞等生物样本，并留存其签名。

公安机关调查恐怖活动嫌疑，可以通知了解有关情况的人员到公安机关或者其他地点接受询问。

## ● 部门规章及文件

**8.《个人信用信息基础数据库管理暂行办法》**（2005年8月18日）

**第5条** 中国人民银行、商业银行及其工作人员应当为在工作中知悉的个人信用信息保密。

**9.《中国人民银行金融消费者权益保护实施办法》**（2020年9月15日）

**第34条** 银行、支付机构应当按照国家档案管理和电子数据管理等规定，采取技术措施和其他必要措施，妥善保管和存储所收集的消费者金融信息，防止信息遗失、毁损、泄露或者被篡改。

银行、支付机构及其工作人员应当对消费者金融信息严格保密，不得泄露或者非法向他人提供。在确认信息发生泄露、毁损、丢失时，银行、支付机构应当立即采取补救措施；信息泄露、毁损、丢失可能危及金融消费者人身、财产安全的，应当立即向银行、支付机构住所地的中国人民银行分支机构报告并告知金融消费者；信息泄露、毁损、丢失可能对金融消费者产生其他不利影响的，应当及时告知金融消费者，并在72小时以内报告银行、支付机构住所地的中国人民银行分支机构。中国人民银行分支机构接到报告后，视情况按照本办法第五十五条规定处理。

**10.《网络交易监督管理办法》**（2021年3月15日）

**第13条** 网络交易经营者收集、使用消费者个人信息，应当遵循合法、正当、必要的原则，明示收集、使用信息的目的、方式和范围，并经消费者同意。网络交易经营者收集、使用消费者个人信息，应当公开其收集、使用规则，不得违反法律、法规的规定和双方的约定收集、使用信息。

网络交易经营者不得采用一次概括授权、默认授权、与其他授权捆绑、停止安装使用等方式，强迫或者变相强迫消费者同意收集、使用与经营活动无直接关系的信息。收集、使用个人生物特征、医疗健康、金融账户、个人行踪等敏感信息的，应当逐项取得消费者同意。

网络交易经营者及其工作人员应当对收集的个人信息严格保密，除依法配合监管执法活动外，未经被收集者授权同意，不得向包括关联方在内的任何第三方提供。

● ***司法解释及文件***

**11.《最高人民法院、最高人民检察院关于办理侵犯公民个人信息刑事案件适用法律若干问题的解释》**（2017年5月8日）

**第1条** 刑法第二百五十三条之一规定的“公民个人信息”，是指以电子或者其他方式记录的能够单独或者与其他信息结合识别特定自然人身份或者反映特定自然人活动情况的各种信息，包括姓名、身份证件号码、通信通讯联系方式、住址、账号密码、财产状况、行踪轨迹等。

**第5条** 非法获取、出售或者提供公民个人信息，具有下列情形之一的，应当认定为刑法第二百五十三条之一规定的“情节严重”：

（一）出售或者提供行踪轨迹信息，被他人用于犯罪的；

（二）知道或者应当知道他人利用公民个人信息实施犯罪，向其出售或者提供的；

（三）非法获取、出售或者提供行踪轨迹信息、通信内容、征信信息、财产信息五十条以上的；

（四）非法获取、出售或者提供住宿信息、通信记录、健康生理信息、交易信息等其他可能影响人身、财产安全的公民个人信息五百条以上的；

（五）非法获取、出售或者提供第三项、第四项规定以外的公民个人信息五千条以上的；

（六）数量未达到第三项至第五项规定标准，但是按相应比例合计达到有关数量标准的；

（七）违法所得五千元以上的；

（八）将在履行职责或者提供服务过程中获得的公民个人信息出售或者提供给他人，数量或者数额达到第三项至第七项规定标准一半以上的；

（九）曾因侵犯公民个人信息受过刑事处罚或者二年内受过行政处罚，又非法获取、出售或者提供公民个人信息的；

（十）其他情节严重的情形。

实施前款规定的行为，具有下列情形之一的，应当认定为刑法第二百五十三条之一第一款规定的“情节特别严重”：

（一）造成被害人死亡、重伤、精神失常或者被绑架等严重后果的；

（二）造成重大经济损失或者恶劣社会影响的；

（三）数量或者数额达到前款第三项至第八项规定标准十倍以上的；

（四）其他情节特别严重的情形。

**12.《最高人民法院关于审理使用人脸识别技术处理个人信息相关民事案件适用法律若干问题的规定》**（2021 年 7 月 27 日）

**第 1 条** 因信息处理者违反法律、行政法规的规定或者双方的约定使用人脸识别技术处理人脸信息、处理基于人脸识别技术生成的人脸信息所引起的民事案件，适用本规定。

人脸信息的处理包括人脸信息的收集、存储、使用、加工、传输、提供、公开等。

本规定所称人脸信息属于民法典第一千零三十四条规定的“生物识别

信息”。

## 第二十九条 【敏感个人信息的特别同意规则】

处理敏感个人信息应当取得个人的单独同意；法律、行政法规规定处理敏感个人信息应当取得书面同意的，从其规定。

● *行政法规及文件*

1. **《征信业管理条例》**（2013年1月21日）

**第14条** 禁止征信机构采集个人的宗教信仰、基因、指纹、血型、疾病和病史信息以及法律、行政法规规定禁止采集的其他个人信息。

征信机构不得采集个人的收入、存款、有价证券、商业保险、不动产的信息和纳税数额信息。但是，征信机构明确告知信息主体提供该信息可能产生的不利后果，并取得其书面同意的除外。

**第28条** 金融信用信息基础数据库接收从事信贷业务的机构按照规定提供的信贷信息。

金融信用信息基础数据库为信息主体和取得信息主体本人书面同意的信息使用者提供查询服务。国家机关可以依法查询金融信用信息基础数据库的信息。

**第29条** 从事信贷业务的机构应当按照规定向金融信用信息基础数据库提供信贷信息。

从事信贷业务的机构向金融信用信息基础数据库或者其他主体提供信贷信息，应当事先取得信息主体的书面同意，并适用本条例关于信息提供者的规定。

● *部门规章及文件*

2. **《网络交易监督管理办法》**（2021年3月15日）

**第13条第2款** 网络交易经营者不得采用一次概括授权、默认授权、与其他授权捆绑、停止安装使用等方式，强迫或者变相强迫消费者同意收集、使用与经营活动无直接关系的信息。收集、使用个人生物特征、医疗健康、金融账户、个人行踪等敏感信息的，应当逐项取得消费者同意。

● *司法解释及文件*

**3.《最高人民法院关于审理使用人脸识别技术处理个人信息相关民事案件适用法律若干问题的规定》**（2021年7月27日）

**第2条** 信息处理者处理人脸信息有下列情形之一的，人民法院应当认定属于侵害自然人人格权益的行为：

（一）在宾馆、商场、银行、车站、机场、体育场馆、娱乐场所等经营场所、公共场所违反法律、行政法规的规定使用人脸识别技术进行人脸验证、辨识或者分析；

（二）未公开处理人脸信息的规则或者未明示处理的目的、方式、范围；

（三）基于个人同意处理人脸信息的，未征得自然人或者其监护人的单独同意，或者未按照法律、行政法规的规定征得自然人或者其监护人的书面同意；

（四）违反信息处理者明示或者双方约定的处理人脸信息的目的、方式、范围等；

（五）未采取应有的技术措施或者其他必要措施确保其收集、存储的人脸信息安全，致使人脸信息泄露、篡改、丢失；

（六）违反法律、行政法规的规定或者双方的约定，向他人提供人脸信息；

（七）违背公序良俗处理人脸信息；

（八）违反合法、正当、必要原则处理人脸信息的其他情形。

## 第三十条 【敏感个人信息的特殊告知要求】

个人信息处理者处理敏感个人信息的，除本法第十七条第一款规定的事项外，还应当向个人告知处理敏感个人信息的必要性以及对个人权益的影响；依照本法规定可以不向个人告知的除外。

● *法　律*

**1.《中华人民共和国民法典》**（2020年5月28日）

**第128条** 法律对未成年人、老年人、残疾人、妇女、消费者等的民事权利保护有特别规定的，依照其规定。

2.《**中华人民共和国未成年人保护法**》（2020年10月17日）

**第3条** 国家保障未成年人的生存权、发展权、受保护权、参与权等权利。

未成年人依法平等地享有各项权利，不因本人及其父母或者其他监护人的民族、种族、性别、户籍、职业、宗教信仰、教育程度、家庭状况、身心健康状况等受到歧视。

3.《**中华人民共和国老年人权益保障法**》（2018年12月29日）

**第3条** 国家保障老年人依法享有的权益。

老年人有从国家和社会获得物质帮助的权利，有享受社会服务和社会优待的权利，有参与社会发展和共享发展成果的权利。

禁止歧视、侮辱、虐待或者遗弃老年人。

**第7条** 保障老年人合法权益是全社会的共同责任。

国家机关、社会团体、企业事业单位和其他组织应当按照各自职责，做好老年人权益保障工作。

基层群众性自治组织和依法设立的老年人组织应当反映老年人的要求，维护老年人合法权益，为老年人服务。

提倡、鼓励义务为老年人服务。

4.《**中华人民共和国残疾人保障法**》（2018年10月26日）

**第3条** 残疾人在政治、经济、文化、社会和家庭生活等方面享有同其他公民平等的权利。

残疾人的公民权利和人格尊严受法律保护。

禁止基于残疾的歧视。禁止侮辱、侵害残疾人。禁止通过大众传播媒介或者其他方式贬低损害残疾人人格。

5.《**中华人民共和国妇女权益保障法**》（2018年10月26日）

**第2条** 妇女在政治的、经济的、文化的、社会的和家庭的生活等各方面享有同男子平等的权利。

实行男女平等是国家的基本国策。国家采取必要措施，逐步完善保障妇女权益的各项制度，消除对妇女一切形式的歧视。

国家保护妇女依法享有的特殊权益。

禁止歧视、虐待、遗弃、残害妇女。

6. **《中华人民共和国消费者权益保护法》**（2013 年 10 月 25 日）

**第 5 条** 国家保护消费者的合法权益不受侵害。

国家采取措施，保障消费者依法行使权利，维护消费者的合法权益。

国家倡导文明、健康、节约资源和保护环境的消费方式，反对浪费。

**第 6 条** 保护消费者的合法权益是全社会的共同责任。

国家鼓励、支持一切组织和个人对损害消费者合法权益的行为进行社会监督。

大众传播媒介应当做好维护消费者合法权益的宣传，对损害消费者合法权益的行为进行舆论监督。

**第 7 条** 消费者在购买、使用商品和接受服务时享有人身、财产安全不受损害的权利。

消费者有权要求经营者提供的商品和服务，符合保障人身、财产安全的要求。

**第 8 条** 消费者享有知悉其购买、使用的商品或者接受的服务的真实情况的权利。

消费者有权根据商品或者服务的不同情况，要求经营者提供商品的价格、产地、生产者、用途、性能、规格、等级、主要成份、生产日期、有效期限、检验合格证明、使用方法说明书、售后服务，或者服务的内容、规格、费用等有关情况。

**第 9 条** 消费者享有自主选择商品或者服务的权利。

消费者有权自主选择提供商品或者服务的经营者，自主选择商品品种或者服务方式，自主决定购买或者不购买任何一种商品、接受或者不接受任何一项服务。

消费者在自主选择商品或者服务时，有权进行比较、鉴别和挑选。

**第 10 条** 消费者享有公平交易的权利。

消费者在购买商品或者接受服务时，有权获得质量保障、价格合理、计量正确等公平交易条件，有权拒绝经营者的强制交易行为。

**第 11 条** 消费者因购买、使用商品或者接受服务受到人身、财产损害的，享有依法获得赔偿的权利。

**第 12 条** 消费者享有依法成立维护自身合法权益的社会组织的权利。

**第 13 条** 消费者享有获得有关消费和消费者权益保护方面的知识的权利。

消费者应当努力掌握所需商品或者服务的知识和使用技能，正确使用商品，提高自我保护意识。

**第14条** 消费者在购买、使用商品和接受服务时，享有人格尊严、民族风俗习惯得到尊重的权利，享有个人信息依法得到保护的权利。

## ● *行政法规及文件*

**7.《征信业管理条例》**（2013年1月21日）

**第14条** 禁止征信机构采集个人的宗教信仰、基因、指纹、血型、疾病和病史信息以及法律、行政法规规定禁止采集的其他个人信息。

征信机构不得采集个人的收入、存款、有价证券、商业保险、不动产的信息和纳税数额信息。但是，征信机构明确告知信息主体提供该信息可能产生的不利后果，并取得其书面同意的除外。

**第15条** 信息提供者向征信机构提供个人不良信息，应当事先告知信息主体本人。但是，依照法律、行政法规规定公开的不良信息除外。

**第21条** 征信机构可以通过信息主体、企业交易对方、行业协会提供信息，政府有关部门依法已公开的信息，人民法院依法公布的判决、裁定等渠道，采集企业信息。

征信机构不得采集法律、行政法规禁止采集的企业信息。

## ● *部门规章及文件*

**8.《中国人民银行金融消费者权益保护实施办法》**（2020年9月15日）

**第34条** 银行、支付机构应当按照国家档案管理和电子数据管理等规定，采取技术措施和其他必要措施，妥善保管和存储所收集的消费者金融信息，防止信息遗失、毁损、泄露或者被篡改。

银行、支付机构及其工作人员应当对消费者金融信息严格保密，不得泄露或者非法向他人提供。在确认信息发生泄露、毁损、丢失时，银行、支付机构应当立即采取补救措施；信息泄露、毁损、丢失可能危及金融消费者人身、财产安全的，应当立即向银行、支付机构住所地的中国人民银行分支机构报告并告知金融消费者；信息泄露、毁损、丢失可能对金融消费者产生其他不利影响的，应当及时告知金融消费者，并在72小时以内报告银行、支付机构住所地的中国人民银行分支机构。中国人民银行分支机构接到报告后，视情况按照本办法第五十五条规定处理。

9. **《App 违法违规收集使用个人信息行为认定方法》**（2019 年 11 月 28 日）

二、以下行为可被认定为“未明示收集使用个人信息的目的、方式和范围”

1. 未逐一列出 App（包括委托的第三方或嵌入的第三方代码、插件）收集使用个人信息的目的、方式、范围等；

2. 收集使用个人信息的目的、方式、范围发生变化时，未以适当方式通知用户，适当方式包括更新隐私政策等收集使用规则并提醒用户阅读等；

3. 在申请打开可收集个人信息的权限，或申请收集用户身份证号、银行账号、行踪轨迹等个人敏感信息时，未同步告知用户其目的，或者目的不明确、难以理解；

4. 有关收集使用规则的内容晦涩难懂、冗长繁琐，用户难以理解，如使用大量专业术语等。

## 第三十一条 【未成年人信息的处理】

个人信息处理者处理不满十四周岁未成年人个人信息的，应当取得未成年人的父母或者其他监护人的同意。

个人信息处理者处理不满十四周岁未成年人个人信息的，应当制定专门的个人信息处理规则。

### ● 法 律

1. **《中华人民共和国网络安全法》**（2016 年 11 月 7 日）

**第 13 条** 国家支持研究开发有利于未成年人健康成长的网络产品和服务，依法惩治利用网络从事危害未成年人身心健康的活动，为未成年人提供安全、健康的网络环境。

2. **《中华人民共和国未成年人保护法》**（2020 年 10 月 17 日）

**第 4 条** 保护未成年人，应当坚持最有利于未成年人的原则。处理涉及未成年人事项，应当符合下列要求：

（一）给予未成年人特殊、优先保护；

（二）尊重未成年人人格尊严；

（三）保护未成年人隐私权和个人信息；

（四）适应未成年人身心健康发展的规律和特点；

（五）听取未成年人的意见；

（六）保护与教育相结合。

**第7条** 未成年人的父母或者其他监护人依法对未成年人承担监护职责。

国家采取措施指导、支持、帮助和监督未成年人的父母或者其他监护人履行监护职责。

**第19条** 未成年人的父母或者其他监护人应当根据未成年人的年龄和智力发展状况，在作出与未成年人权益有关的决定前，听取未成年人的意见，充分考虑其真实意愿。

**第72条** 信息处理者通过网络处理未成年人个人信息的，应当遵循合法、正当和必要的原则。处理不满十四周岁未成年人个人信息的，应当征得未成年人的父母或者其他监护人同意，但法律、行政法规另有规定的除外。

未成年人、父母或者其他监护人要求信息处理者更正、删除未成年人个人信息的，信息处理者应当及时采取措施予以更正、删除，但法律、行政法规另有规定的除外。

## ● 部门规章及文件

**3.《儿童个人信息网络保护规定》**（2019年8月22日）

**第1条** 为了保护儿童个人信息安全，促进儿童健康成长，根据《中华人民共和国网络安全法》《中华人民共和国未成年人保护法》等法律法规，制定本规定。

**第2条** 本规定所称儿童，是指不满十四周岁的未成年人。

**第3条** 在中华人民共和国境内通过网络从事收集、存储、使用、转移、披露儿童个人信息等活动，适用本规定。

**第4条** 任何组织和个人不得制作、发布、传播侵害儿童个人信息安全的信息。

**第5条** 儿童监护人应当正确履行监护职责，教育引导儿童增强个人信息保护意识和能力，保护儿童个人信息安全。

**第6条** 鼓励互联网行业组织指导推动网络运营者制定儿童个人信息保护的行业规范、行为准则等，加强行业自律，履行社会责任。

**第7条** 网络运营者收集、存储、使用、转移、披露儿童个人信息的，应当遵循正当必要、知情同意、目的明确、安全保障、依法利用的原则。

**第8条** 网络运营者应当设置专门的儿童个人信息保护规则和用户协议，并指定专人负责儿童个人信息保护。

**第9条** 网络运营者收集、使用、转移、披露儿童个人信息的，应当以显著、清晰的方式告知儿童监护人，并应当征得儿童监护人的同意。

**第10条** 网络运营者征得同意时，应当同时提供拒绝选项，并明确告知以下事项：

（一）收集、存储、使用、转移、披露儿童个人信息的目的、方式和范围；

（二）儿童个人信息存储的地点、期限和到期后的处理方式；

（三）儿童个人信息的安全保障措施；

（四）拒绝的后果；

（五）投诉、举报的渠道和方式；

（六）更正、删除儿童个人信息的途径和方法；

（七）其他应当告知的事项。

前款规定的告知事项发生实质性变化的，应当再次征得儿童监护人的同意。

**第11条** 网络运营者不得收集与其提供的服务无关的儿童个人信息，不得违反法律、行政法规的规定和双方的约定收集儿童个人信息。

**第12条** 网络运营者存储儿童个人信息，不得超过实现其收集、使用目的所必需的期限。

**第13条** 网络运营者应当采取加密等措施存储儿童个人信息，确保信息安全。

**第14条** 网络运营者使用儿童个人信息，不得违反法律、行政法规的规定和双方约定的目的、范围。因业务需要，确需超出约定的目的、范围使用的，应当再次征得儿童监护人的同意。

**第15条** 网络运营者对其工作人员应当以最小授权为原则，严格设定信息访问权限，控制儿童个人信息知悉范围。工作人员访问儿童个人信息的，应当经过儿童个人信息保护负责人或者其授权的管理人员审批，记录访问情况，并采取技术措施，避免违法复制、下载儿童个人信息。

**第16条** 网络运营者委托第三方处理儿童个人信息的，应当对受委托方及委托行为等进行安全评估，签署委托协议，明确双方责任、处理事项、处理期限、处理性质和目的等，委托行为不得超出授权范围。

前款规定的受委托方，应当履行以下义务：

（一）按照法律、行政法规的规定和网络运营者的要求处理儿童个人信息；

（二）协助网络运营者回应儿童监护人提出的申请；

（三）采取措施保障信息安全，并在发生儿童个人信息泄露安全事件时，及时向网络运营者反馈；

（四）委托关系解除时及时删除儿童个人信息；

（五）不得转委托；

（六）其他依法应当履行的儿童个人信息保护义务。

**第17条** 网络运营者向第三方转移儿童个人信息的，应当自行或者委托第三方机构进行安全评估。

**第18条** 网络运营者不得披露儿童个人信息，但法律、行政法规规定应当披露或者根据与儿童监护人的约定可以披露的除外。

**第19条** 儿童或者其监护人发现网络运营者收集、存储、使用、披露的儿童个人信息有错误的，有权要求网络运营者予以更正。网络运营者应当及时采取措施予以更正。

**第20条** 儿童或者其监护人要求网络运营者删除其收集、存储、使用、披露的儿童个人信息的，网络运营者应当及时采取措施予以删除，包括但不限于以下情形：

（一）网络运营者违反法律、行政法规的规定或者双方的约定收集、存储、使用、转移、披露儿童个人信息的；

（二）超出目的范围或者必要期限收集、存储、使用、转移、披露儿童个人信息的；

（三）儿童监护人撤回同意的；

（四）儿童或者其监护人通过注销等方式终止使用产品或者服务的。

**第21条** 网络运营者发现儿童个人信息发生或者可能发生泄露、毁损、丢失的，应当立即启动应急预案，采取补救措施；造成或者可能造成严重后果的，应当立即向有关主管部门报告，并将事件相关情况以邮件、信函、电话、推送通知等方式告知受影响的儿童及其监护人，难以逐一告知的，应当采取合理、有效的方式发布相关警示信息。

**第22条** 网络运营者应当对网信部门和其他有关部门依法开展的监督检查予以配合。

**第23条** 网络运营者停止运营产品或者服务的，应当立即停止收集儿童个人信息的活动，删除其持有的儿童个人信息，并将停止运营的通知及时告知儿童监护人。

**第24条** 任何组织和个人发现有违反本规定行为的，可以向网信部门和其他有关部门举报。

网信部门和其他有关部门收到相关举报的，应当依据职责及时进行处理。

**第25条** 网络运营者落实儿童个人信息安全管理责任不到位，存在较大安全风险或者发生安全事件的，由网信部门依据职责进行约谈，网络运营者应当及时采取措施进行整改，消除隐患。

**第26条** 违反本规定的，由网信部门和其他有关部门依据职责，根据《中华人民共和国网络安全法》《互联网信息服务管理办法》等相关法律法规规定处理；构成犯罪的，依法追究刑事责任。

**第27条** 违反本规定被追究法律责任的，依照有关法律、行政法规的规定记入信用档案，并予以公示。

**第28条** 通过计算机信息系统自动留存处理信息且无法识别所留存处理的信息属于儿童个人信息的，依照其他有关规定执行。

**第29条** 本规定自2019年10月1日起施行。

## 第三十二条 【特殊限制】

法律、行政法规对处理敏感个人信息规定应当取得相关行政许可或者作出其他限制的，从其规定。

### ● 法　律

**1.《中华人民共和国数据安全法》**（2021年6月10日）

**第34条** 法律、行政法规规定提供数据处理相关服务应当取得行政许可的，服务提供者应当依法取得许可。

2.《**中华人民共和国生物安全法**》（2020 年 10 月 17 日）

**第 56 条** 从事下列活动，应当经国务院科学技术主管部门批准：

（一）采集我国重要遗传家系、特定地区人类遗传资源或者采集国务院科学技术主管部门规定的种类、数量的人类遗传资源；

（二）保藏我国人类遗传资源；

（三）利用我国人类遗传资源开展国际科学研究合作；

（四）将我国人类遗传资源材料运送、邮寄、携带出境。

前款规定不包括以临床诊疗、采供血服务、查处违法犯罪、兴奋剂检测和殡葬等为目的采集、保藏人类遗传资源及开展的相关活动。

为了取得相关药品和医疗器械在我国上市许可，在临床试验机构利用我国人类遗传资源开展国际合作临床试验、不涉及人类遗传资源出境的，不需要批准；但是，在开展临床试验前应当将拟使用的人类遗传资源种类、数量及用途向国务院科学技术主管部门备案。

境外组织、个人及其设立或者实际控制的机构不得在我国境内采集、保藏我国人类遗传资源，不得向境外提供我国人类遗传资源。

## ● *行政法规及文件*

3.《**中华人民共和国人类遗传资源管理条例**》（2019 年 5 月 28 日）

**第 11 条** 采集我国重要遗传家系、特定地区人类遗传资源或者采集国务院科学技术行政部门规定种类、数量的人类遗传资源的，应当符合下列条件，并经国务院科学技术行政部门批准：

（一）具有法人资格；

（二）采集目的明确、合法；

（三）采集方案合理；

（四）通过伦理审查；

（五）具有负责人类遗传资源管理的部门和管理制度；

（六）具有与采集活动相适应的场所、设施、设备和人员。

4.《**征信业管理条例**》（2013 年 1 月 21 日）

**第 14 条** 禁止征信机构采集个人的宗教信仰、基因、指纹、血型、疾病和病史信息以及法律、行政法规规定禁止采集的其他个人信息。

征信机构不得采集个人的收入、存款、有价证券、商业保险、不动产的信息和纳税数额信息。但是，征信机构明确告知信息主体提供该信息可能产生的不利后果，并取得其书面同意的除外。

## 第三节　国家机关处理个人信息的特别规定



### 第三十三条　【国家机关处理个人信息的规则】

国家机关处理个人信息的活动，适用本法；本节有特别规定的，适用本节规定。

### 第三十四条　【国家机关依法定职责处理个人信息】

国家机关为履行法定职责处理个人信息，应当依照法律、行政法规规定的权限、程序进行，不得超出履行法定职责所必需的范围和限度。

● ***法　律***

**《中华人民共和国数据安全法》**（2021 年 6 月 10 日）

**第 38 条**　国家机关为履行法定职责的需要收集、使用数据，应当在其履行法定职责的范围内依照法律、行政法规规定的条件和程序进行；对在履行职责中知悉的个人隐私、个人信息、商业秘密、保密商务信息等数据应当依法予以保密，不得泄露或者非法向他人提供。

### 第三十五条　【国家机关的告知义务】

国家机关为履行法定职责处理个人信息，应当依照本法规定履行告知义务；有本法第十八条第一款规定的情形，或者告知将妨碍国家机关履行法定职责的除外。

● ***法　律***

1. **《中华人民共和国国家情报法》**（2018 年 4 月 27 日）

**第 11 条**　国家情报工作机构应当依法搜集和处理境外机构、组织、个人实施或者指使、资助他人实施的，或者境内外机构、组织、个人相勾结实施的危害中华人民共和国国家安全和利益行为的相关情报，为防范、制止和惩治上述行为提供情报依据或者参考。

2. **《中华人民共和国税收征收管理法》**（2015 年 4 月 24 日）

**第 54 条** 税务机关有权进行下列税务检查：

（一）检查纳税人的账簿、记账凭证、报表和有关资料，检查扣缴义务人代扣代缴、代收代缴税款账簿、记账凭证和有关资料；

（二）到纳税人的生产、经营场所和货物存放地检查纳税人应纳税的商品、货物或者其他财产，检查扣缴义务人与代扣代缴、代收代缴税款有关的经营情况；

（三）责成纳税人、扣缴义务人提供与纳税或者代扣代缴、代收代缴税款有关的文件、证明材料和有关资料；

（四）询问纳税人、扣缴义务人与纳税或者代扣代缴、代收代缴税款有关的问题和情况；

（五）到车站、码头、机场、邮政企业及其分支机构检查纳税人托运、邮寄应纳税商品、货物或者其他财产的有关单据、凭证和有关资料；

（六）经县以上税务局（分局）局长批准，凭全国统一格式的检查存款账户许可证明，查询从事生产、经营的纳税人、扣缴义务人在银行或者其他金融机构的存款账户。税务机关在调查税收违法案件时，经设区的市、自治州以上税务局（分局）局长批准，可以查询案件涉嫌人员的储蓄存款。税务机关查询所获得的资料，不得用于税收以外的用途。

## 第三十六条 【国家机关处理个人信息的存储】

国家机关处理的个人信息应当在中华人民共和国境内存储；确需向境外提供的，应当进行安全评估。安全评估可以要求有关部门提供支持与协助。

### ● 法　律

1. **《中华人民共和国网络安全法》**（2016 年 11 月 7 日）

**第 37 条** 关键信息基础设施的运营者在中华人民共和国境内运营中收

集和产生的个人信息和重要数据应当在境内存储。因业务需要，确需向境外提供的，应当按照国家网信部门会同国务院有关部门制定的办法进行安全评估；法律、行政法规另有规定的，依照其规定。

**2.《中华人民共和国数据安全法》**（2021 年 6 月 10 日）

**第 31 条** 关键信息基础设施的运营者在中华人民共和国境内运营中收集和产生的重要数据的出境安全管理，适用《中华人民共和国网络安全法》的规定；其他数据处理者在中华人民共和国境内运营中收集和产生的重要数据的出境安全管理办法，由国家网信部门会同国务院有关部门制定。

**第 39 条** 国家机关应当依照法律、行政法规的规定，建立健全数据安全管理制度，落实数据安全保护责任，保障政务数据安全。



## 第三十七条 【法定公共职能的组织的参照适用】

法律、法规授权的具有管理公共事务职能的组织为履行法定职责处理个人信息，适用本法关于国家机关处理个人信息的规定。

### ● 法 律

**1.《中华人民共和国数据安全法》**（2021 年 6 月 10 日）

**第 43 条** 法律、法规授权的具有管理公共事务职能的组织为履行法定职责开展数据处理活动，适用本章规定。

**2.《中华人民共和国行政处罚法》**（2021 年 1 月 22 日）

**第 19 条** 法律、法规授权的具有管理公共事务职能的组织可以在法定授权范围内实施行政处罚。

**3.《中华人民共和国行政许可法》**（2019 年 4 月 23 日）

**第 23 条** 法律、法规授权的具有管理公共事务职能的组织，在法定授权范围内，以自己的名义实施行政许可。被授权的组织适用本法有关行政机关的规定。

**4.《中华人民共和国行政强制法》**（2011 年 6 月 30 日）

**第 70 条** 法律、行政法规授权的具有管理公共事务职能的组织在法定授权范围内，以自己的名义实施行政强制，适用本法有关行政机关的规定。

5.《**中华人民共和国社会保险法**》（2018 年 12 月 29 日）

**第 8 条**　社会保险经办机构提供社会保险服务，负责社会保险登记、个人权益记录、社会保险待遇支付等工作。

● ***行政法规及文件***

6.《**中华人民共和国政府信息公开条例**》（2019 年 4 月 3 日）

**第 54 条**　法律、法规授权的具有管理公共事务职能的组织公开政府信息的活动，适用本条例。

# 第三章　个人信息跨境提供的规则

## 第三十八条　【个人信息的跨境条件】

个人信息处理者因业务等需要，确需向中华人民共和国境外提供个人信息的，应当具备下列条件之一：

（一）依照本法第四十条的规定通过国家网信部门组织的安全评估；

（二）按照国家网信部门的规定经专业机构进行个人信息保护认证；

（三）按照国家网信部门制定的标准合同与境外接收方订立合同，约定双方的权利和义务；

（四）法律、行政法规或者国家网信部门规定的其他条件。

中华人民共和国缔结或者参加的国际条约、协定对向中华人民共和国境外提供个人信息的条件等有规定的，可以按照其规定执行。

个人信息处理者应当采取必要措施，保障境外接收方处理个人信息的活动达到本法规定的个人信息保护标准。

## ●法　律

**1.《中华人民共和国网络安全法》**（2016 年 11 月 7 日）

**第 17 条**　国家推进网络安全社会化服务体系建设，鼓励有关企业、机构开展网络安全认证、检测和风险评估等安全服务。

**第 37 条**　关键信息基础设施的运营者在中华人民共和国境内运营中收集和产生的个人信息和重要数据应当在境内存储。因业务需要，确需向境外提供的，应当按照国家网信部门会同国务院有关部门制定的办法进行安全评估；法律、行政法规另有规定的，依照其规定。

**2.《中华人民共和国数据安全法》**（2021 年 6 月 10 日）

**第 25 条**　国家对与维护国家安全和利益、履行国际义务相关的属于管制物项的数据依法实施出口管制。

**第 31 条**　关键信息基础设施的运营者在中华人民共和国境内运营中收集和产生的重要数据的出境安全管理，适用《中华人民共和国网络安全法》的规定；其他数据处理者在中华人民共和国境内运营中收集和产生的重要数据的出境安全管理办法，由国家网信部门会同国务院有关部门制定。

**第 36 条**　中华人民共和国主管机关根据有关法律和中华人民共和国缔结或者参加的国际条约、协定，或者按照平等互惠原则，处理外国司法或者执法机构关于提供数据的请求。非经中华人民共和国主管机关批准，境内的组织、个人不得向外国司法或者执法机构提供存储于中华人民共和国境内的数据。

**3.《中华人民共和国民法典》**（2020 年 5 月 28 日）

**第 496 条**　格式条款是当事人为了重复使用而预先拟定，并在订立合同时未与对方协商的条款。

采用格式条款订立合同的，提供格式条款的一方应当遵循公平原则确定当事人之间的权利和义务，并采取合理的方式提示对方注意免除或者减轻其责任等与对方有重大利害关系的条款，按照对方的要求，对该条款予以说明。提供格式条款的一方未履行提示或者说明义务，致使对方没有注意或者理解与其有重大利害关系的条款的，对方可以主张该条款不成为合同的内容。

● *行政法规及文件*

4.《**中华人民共和国认证认可条例**》(2020 年 11 月 29 日)

**第 2 条** 本条例所称认证，是指由认证机构证明产品、服务、管理体系符合相关技术规范、相关技术规范的强制性要求或者标准的合格评定活动。

本条例所称认可，是指由认可机构对认证机构、检查机构、实验室以及从事评审、审核等认证活动人员的能力和执业资格，予以承认的合格评定活动。

## 第三十九条 【跨境提供的告知要求】

个人信息处理者向中华人民共和国境外提供个人信息的，应当向个人告知境外接收方的名称或者姓名、联系方式、处理目的、处理方式、个人信息的种类以及个人向境外接收方行使本法规定权利的方式和程序等事项，并取得个人的单独同意。

## 第四十条 【关键信息基础设施的要求】

关键信息基础设施运营者和处理个人信息达到国家网信部门规定数量的个人信息处理者，应当将在中华人民共和国境内收集和产生的个人信息存储在境内。确需向境外提供的，应当通过国家网信部门组织的安全评估；法律、行政法规和国家网信部门规定可以不进行安全评估的，从其规定。

● ***法　律***

1.《**中华人民共和国网络安全法**》(2016 年 11 月 7 日)

**第 31 条** 国家对公共通信和信息服务、能源、交通、水利、金融、公共服务、电子政务等重要行业和领域，以及其他一旦遭到破坏、丧失功能或者数据泄露，可能严重危害国家安全、国计民生、公共利益的关键信息基础设施，在网络安全等级保护制度的基础上，实行重点保护。关键信息基础设施的具体范围和安全保护办法由国务院制定。

国家鼓励关键信息基础设施以外的网络运营者自愿参与关键信息基础设施保护体系。

**第 37 条** 关键信息基础设施的运营者在中华人民共和国境内运营中收集和产生的个人信息和重要数据应当在境内存储。因业务需要，确需向境外提供的，应当按照国家网信部门会同国务院有关部门制定的办法进行安全评估；法律、行政法规另有规定的，依照其规定。

**第 38 条** 关键信息基础设施的运营者应当自行或者委托网络安全服务机构对其网络的安全性和可能存在的风险每年至少进行一次检测评估，并将检测评估情况和改进措施报送相关负责关键信息基础设施安全保护工作的部门。

**第 75 条** 境外的机构、组织、个人从事攻击、侵入、干扰、破坏等危害中华人民共和国的关键信息基础设施的活动，造成严重后果的，依法追究法律责任；国务院公安部门和有关部门并可以决定对该机构、组织、个人采取冻结财产或者其他必要的制裁措施。



**2.《中华人民共和国数据安全法》**（2021 年 6 月 10 日）

**第 31 条** 关键信息基础设施的运营者在中华人民共和国境内运营中收集和产生的重要数据的出境安全管理，适用《中华人民共和国网络安全法》的规定；其他数据处理者在中华人民共和国境内运营中收集和产生的重要数据的出境安全管理办法，由国家网信部门会同国务院有关部门制定。

**第 46 条** 违反本法第三十一条规定，向境外提供重要数据的，由有关主管部门责令改正，给予警告，可以并处十万元以上一百万元以下罚款，对直接负责的主管人员和其他直接责任人员可以处一万元以上十万元以下罚款；情节严重的，处一百万元以上一千万元以下罚款，并可以责令暂停相关业务、停业整顿、吊销相关业务许可证或者吊销营业执照，对直接负责的主管人员和其他直接责任人员处十万元以上一百万元以下罚款。

● ***行政法规及文件***

**3.《关键信息基础设施安全保护条例》**（2021 年 7 月 30 日）

**第 2 条** 本条例所称关键信息基础设施，是指公共通信和信息服务、能源、交通、水利、金融、公共服务、电子政务、国防科技工业等重要行业和领域的，以及其他一旦遭到破坏、丧失功能或者数据泄露，可能严重危害国家安全、国计民生、公共利益的重要网络设施、信息系统等。

**第 8 条** 本条例第二条涉及的重要行业和领域的主管部门、监督管理部门是负责关键信息基础设施安全保护工作的部门（以下简称保护工作部门）。

**第9条** 保护工作部门结合本行业、本领域实际，制定关键信息基础设施认定规则，并报国务院公安部门备案。

制定认定规则应当主要考虑下列因素：

（一）网络设施、信息系统等对于本行业、本领域关键核心业务的重要程度；

（二）网络设施、信息系统等一旦遭到破坏、丧失功能或者数据泄露可能带来的危害程度；

（三）对其他行业和领域的关联性影响。

**第13条** 运营者应当建立健全网络安全保护制度和责任制，保障人力、财力、物力投入。运营者的主要负责人对关键信息基础设施安全保护负总责，领导关键信息基础设施安全保护和重大网络安全事件处置工作，组织研究解决重大网络安全问题。

**第14条** 运营者应当设置专门安全管理机构，并对专门安全管理机构负责人和关键岗位人员进行安全背景审查。审查时，公安机关、国家安全机关应当予以协助。

**第15条** 专门安全管理机构具体负责本单位的关键信息基础设施安全保护工作，履行下列职责：

（一）建立健全网络安全管理、评价考核制度，拟订关键信息基础设施安全保护计划；

（二）组织推动网络安全防护能力建设，开展网络安全监测、检测和风险评估；

（三）按照国家及行业网络安全事件应急预案，制定本单位应急预案，定期开展应急演练，处置网络安全事件；

（四）认定网络安全关键岗位，组织开展网络安全工作考核，提出奖励和惩处建议；

（五）组织网络安全教育、培训；

（六）履行个人信息和数据安全保护责任，建立健全个人信息和数据安全保护制度；

（七）对关键信息基础设施设计、建设、运行、维护等服务实施安全管理；

（八）按照规定报告网络安全事件和重要事项。

4.《**征信业管理条例**》（2013 年 1 月 21 日）

**第 24 条** 征信机构在中国境内采集的信息的整理、保存和加工，应当在中国境内进行。

征信机构向境外组织或者个人提供信息，应当遵守法律、行政法规和国务院征信业监督管理部门的有关规定。

5.《**地图管理条例**》（2015 年 11 月 26 日）

**第 34 条** 互联网地图服务单位应当将存放地图数据的服务器设在中华人民共和国境内，并制定互联网地图数据安全管理制度和保障措施。

县级以上人民政府测绘地理信息行政主管部门应当会同有关部门加强对互联网地图数据安全的监督管理。



## 第四十一条 【跨境提供的批准】

中华人民共和国主管机关根据有关法律和中华人民共和国缔结或者参加的国际条约、协定，或者按照平等互惠原则，处理外国司法或者执法机构关于提供存储于境内个人信息的请求。非经中华人民共和国主管机关批准，个人信息处理者不得向外国司法或者执法机构提供存储于中华人民共和国境内的个人信息。

### ● 法　律

1.《**中华人民共和国数据安全法**》（2021 年 6 月 10 日）

**第 36 条** 中华人民共和国主管机关根据有关法律和中华人民共和国缔结或者参加的国际条约、协定，或者按照平等互惠原则，处理外国司法或者执法机构关于提供数据的请求。非经中华人民共和国主管机关批准，境内的组织、个人不得向外国司法或者执法机构提供存储于中华人民共和国境内的数据。

**第 48 条** 违反本法第三十五条规定，拒不配合数据调取的，由有关主管部门责令改正，给予警告，并处五万元以上五十万元以下罚款，对直接负责的主管人员和其他直接责任人员处一万元以上十万元以下罚款。

违反本法第三十六条规定，未经主管机关批准向外国司法或者执法机构提供数据的，由有关主管部门给予警告，可以并处十万元以上一百万元以下罚款，对直接负责的主管人员和其他直接责任人员可以处一万元以上十万元以下罚款；造成严重后果的，处一百万元以上五百万元以下罚款，并可以责令暂停相关业务、停业整顿、吊销相关业务许可证或者吊销营业执照，对直接负责的主管人员和其他直接责任人员处五万元以上五十万元以下罚款。

2. **《中华人民共和国反外国制裁法》**（2021 年 6 月 10 日）

**第 12 条** 任何组织和个人均不得执行或者协助执行外国国家对我国公民、组织采取的歧视性限制措施。

组织和个人违反前款规定，侵害我国公民、组织合法权益的，我国公民、组织可以依法向人民法院提起诉讼，要求其停止侵害、赔偿损失。

3. **《中华人民共和国国际刑事司法协助法》（2018 年 10 月 26 日）**

**第 2 条** 本法所称国际刑事司法协助，是指中华人民共和国和外国在刑事案件调查、侦查、起诉、审判和执行等活动中相互提供协助，包括送达文书，调查取证，安排证人作证或者协助调查，查封、扣押、冻结涉案财物，没收、返还违法所得及其他涉案财物，移管被判刑人以及其他协助。

**第 6 条** 国家监察委员会、最高人民法院、最高人民检察院、公安部、国家安全部等部门是开展国际刑事司法协助的主管机关，按照职责分工，审核向外国提出的刑事司法协助请求，审查处理对外联系机关转递的外国提出的刑事司法协助请求，承担其他与国际刑事司法协助相关的工作。在移管被判刑人案件中，司法部按照职责分工，承担相应的主管机关职责。

办理刑事司法协助相关案件的机关是国际刑事司法协助的办案机关，负责向所属主管机关提交需要向外国提出的刑事司法协助请求、执行所属主管机关交办的外国提出的刑事司法协助请求。

## 第四十二条 【黑名单制度】

境外的组织、个人从事侵害中华人民共和国公民的个人信息权益，或者危害中华人民共和国国家安全、公共利益的个人信息处理活动的，国家网信部门可以将其列入限制或者禁止个人信息提供清单，予以公告，并采取限制或者禁止向其提供个人信息等措施。

● 法 律

1.《中华人民共和国国家安全法》(2015 年 7 月 1 日)

**第 3 条** 国家安全工作应当坚持总体国家安全观，以人民安全为宗旨，以政治安全为根本，以经济安全为基础，以军事、文化、社会安全为保障，以促进国际安全为依托，维护各领域国家安全，构建国家安全体系，走中国特色国家安全道路。

**第 25 条** 国家建设网络与信息安全保障体系，提升网络与信息安全保护能力，加强网络和信息技术的创新研究和开发应用，实现网络和信息核心技术、关键基础设施和重要领域信息系统及数据的安全可控；加强网络管理，防范、制止和依法惩治网络攻击、网络入侵、网络窃密、散布违法有害信息等网络违法犯罪行为，维护国家网络空间主权、安全和发展利益。

2.《中华人民共和国网络安全法》(2016 年 11 月 7 日)

**第 75 条** 境外的机构、组织、个人从事攻击、侵入、干扰、破坏等危害中华人民共和国的关键信息基础设施的活动，造成严重后果的，依法追究法律责任；国务院公安部门和有关部门并可以决定对该机构、组织、个人采取冻结财产或者其他必要的制裁措施。

3.《中华人民共和国数据安全法》(2021 年 6 月 10 日)

**第 2 条** 在中华人民共和国境内开展数据处理活动及其安全监管，适用本法。

在中华人民共和国境外开展数据处理活动，损害中华人民共和国国家安全、公共利益或者公民、组织合法权益的，依法追究法律责任。

**第 24 条** 国家建立数据安全审查制度，对影响或者可能影响国家安全的数据处理活动进行国家安全审查。

依法作出的安全审查决定为最终决定。

**第 25 条** 国家对与维护国家安全和利益、履行国际义务相关的属于管制物项的数据依法实施出口管制。

### 第四十三条 【对等原则】

任何国家或者地区在个人信息保护方面对中华人民共和国采取歧视性的禁止、限制或者其他类似措施的，中华人民共和国可以根据实际情况对该国家或者地区对等采取措施。

## ●法　律

### 1.《中华人民共和国数据安全法》(2021年6月10日)

**第26条**　任何国家或者地区在与数据和数据开发利用技术等有关的投资、贸易等方面对中华人民共和国采取歧视性的禁止、限制或者其他类似措施的，中华人民共和国可以根据实际情况对该国家或者地区对等采取措施。

### 2.《中华人民共和国反外国制裁法》(2021年6月10日)

**第3条**　中华人民共和国反对霸权主义和强权政治，反对任何国家以任何借口、任何方式干涉中国内政。

外国国家违反国际法和国际关系基本准则，以各种借口或者依据其本国法律对我国进行遏制、打压，对我国公民、组织采取歧视性限制措施，干涉我国内政的，我国有权采取相应反制措施。

**第4条**　国务院有关部门可以决定将直接或者间接参与制定、决定、实施本法第三条规定的歧视性限制措施的个人、组织列入反制清单。

**第10条**　国家设立反外国制裁工作协调机制，负责统筹协调相关工作。

国务院有关部门应当加强协同配合和信息共享，按照各自职责和任务分工确定和实施有关反制措施。

**第11条**　我国境内的组织和个人应当执行国务院有关部门采取的反制措施。

对违反前款规定的组织和个人，国务院有关部门依法予以处理，限制或者禁止其从事相关活动。

**第13条**　对于危害我国主权、安全、发展利益的行为，除本法规定外，有关法律、行政法规、部门规章可以规定采取其他必要的反制措施。

**第15条**　对于外国国家、组织或者个人实施、协助、支持危害我国主权、安全、发展利益的行为，需要采取必要反制措施的，参照本法有关规定执行。

### 3.《中华人民共和国出口管制法》(2020年10月17日)

**第48条**　任何国家或者地区滥用出口管制措施危害中华人民共和国国家安全和利益的，中华人民共和国可以根据实际情况对该国家或者地区对等采取措施。

# 第四章　个人在个人信息处理活动中的权利

## 第四十四条　【知情权和决定权】

个人对其个人信息的处理享有知情权、决定权，有权限制或者拒绝他人对其个人信息进行处理；法律、行政法规另有规定的除外。

### ● *法　律*

**1.《中华人民共和国网络安全法》**（2016 年 11 月 7 日）

**第 41 条**　网络运营者收集、使用个人信息，应当遵循合法、正当、必要的原则，公开收集、使用规则，明示收集、使用信息的目的、方式和范围，并经被收集者同意。

网络运营者不得收集与其提供的服务无关的个人信息，不得违反法律、行政法规的规定和双方的约定收集、使用个人信息，并应当依照法律、行政法规的规定和与用户的约定，处理其保存的个人信息。

**第 43 条**　个人发现网络运营者违反法律、行政法规的规定或者双方的约定收集、使用其个人信息的，有权要求网络运营者删除其个人信息；发现网络运营者收集、存储的其个人信息有错误的，有权要求网络运营者予以更正。网络运营者应当采取措施予以删除或者更正。

**2.《中华人民共和国消费者权益保护法》**（2013 年 10 月 25 日）

**第 8 条**　消费者享有知悉其购买、使用的商品或者接受的服务的真实情况的权利。

消费者有权根据商品或者服务的不同情况，要求经营者提供商品的价格、产地、生产者、用途、性能、规格、等级、主要成份、生产日期、有效期限、检验合格证明、使用方法说明书、售后服务，或者服务的内容、规格、费用等有关情况。

**第 14 条**　消费者在购买、使用商品和接受服务时，享有人格尊严、民族风俗习惯得到尊重的权利，享有个人信息依法得到保护的权利。

3. **《中华人民共和国电子商务法》**（2018 年 8 月 31 日）

**第 17 条** 电子商务经营者应当全面、真实、准确、及时地披露商品或者服务信息，保障消费者的知情权和选择权。电子商务经营者不得以虚构交易、编造用户评价等方式进行虚假或者引人误解的商业宣传，欺骗、误导消费者。

## ● *国家标准*

4. **《信息安全技术 个人信息安全规范》**（2020 年 3 月 6 日 GB/T 35273－2020）

5.5 个人信息保护政策

对个人信息控制者的要求包括：

a）应制定个人信息保护政策，内容应包括但不限于：

1）个人信息控制者的基本情况，包括主体身份、联系方式；

2）收集、使用个人信息的业务功能，以及各业务功能分别收集的个人信息类型。涉及个人敏感信息的，需明确标识或突出显示；

3）个人信息收集方式、存储期限、涉及数据出境情况等个人信息处理规则；

4）对外共享、转让、公开披露个人信息的目的、涉及的个人信息类型、接收个人信息的第三方类型，以及各自的安全和法律责任；

5）个人信息主体的权利和实现机制，如查询方法、更正方法、删除方法、注销账户的方法、撤回授权同意的方法、获取个人信息副本的方法、对信息系统自动决策结果进行投诉的方法等；

6）提供个人信息后可能存在的安全风险，及不提供个人信息可能产生的影响；

7）遵循的个人信息安全基本原则，具备的数据安全能力，以及采取的个人信息安全保护措施，必要时可公开数据安全和个人信息保护相关的合规证明；

8）处理个人信息主体询问、投诉的渠道和机制，以及外部纠纷解决机构及联络方式。

b）个人信息保护政策所告知的信息应真实、准确、完整；

c）个人信息保护政策的内容应清晰易懂，符合通用的语言习惯，使用标准化的数字、图示等，避免使用有歧义的语言；

d）个人信息保护政策应公开发布且易于访问，例如，在网站主页、移动互联网应用程序安装页、附录C中的交互界面或设计等显著位置设置链接；

e）个人信息保护政策应逐一送达个人信息主体。当成本过高或有显著困难时，可以公告的形式发布；

f）在a）所载事项发生变化时，应及时更新个人信息保护政策并重新告知个人信息主体。

注1：组织会习惯性将个人信息保护政策命名为“隐私政策”或其他名称，其内容宜与个人信息保护政策内容保持一致。

注2：个人信息保护政策的内容可参考附录D。

注3：在个人信息主体首次打开产品或服务、注册账户等情形时，宜通过弹窗等形式主动向其展示个人信息保护政策的主要或核心内容，帮助个人信息主体理解该产品或服务的个人信息处理范围和规则，并决定是否继续使用该产品或服务。

8.1 个人信息查询

个人信息控制者应向个人信息主体提供查询下列信息的方法：

a）其所持有的关于该主体的个人信息或个人信息的类型；

b）上述个人信息的来源、所用于的目的；

c）已经获得上述个人信息的第三方身份或类型。

注：个人信息主体提出查询非其主动提供的个人信息时，个人信息控制者可在综合考虑不响应请求可能对个人信息主体合法权益带来的风险和损害，以及技术可行性、实现请求的成本等因素后，作出是否响应的决定，并给出解释说明。



## 第四十五条 【查阅权、复制权和可携带权】

个人有权向个人信息处理者查阅、复制其个人信息；有本法第十八条第一款、第三十五条规定情形的除外。

个人请求查阅、复制其个人信息的，个人信息处理者应当及时提供。

个人请求将个人信息转移至其指定的个人信息处理者，符合国家网信部门规定条件的，个人信息处理者应当提供转移的途径。

## ● 法　律

**1.《中华人民共和国民法典》**（2020年5月28日）

**第1037条**　自然人可以依法向信息处理者查阅或者复制其个人信息；发现信息有错误的，有权提出异议并请求及时采取更正等必要措施。

自然人发现信息处理者违反法律、行政法规的规定或者双方的约定处理其个人信息的，有权请求信息处理者及时删除。

**2.《中华人民共和国电子商务法》**（2018年8月31日）

**第24条**　电子商务经营者应当明示用户信息查询、更正、删除以及用户注销的方式、程序，不得对用户信息查询、更正、删除以及用户注销设置不合理条件。

电子商务经营者收到用户信息查询或者更正、删除的申请的，应当在核实身份后及时提供查询或者更正、删除用户信息。用户注销的，电子商务经营者应当立即删除该用户的信息；依照法律、行政法规的规定或者双方约定保存的，依照其规定。

## ● *行政法规及文件*

**3.《中华人民共和国政府信息公开条例》**（2019年4月3日）

**第2条**　本条例所称政府信息，是指行政机关在履行行政管理职能过程中制作或者获取的，以一定形式记录、保存的信息。

**4.《征信业管理条例》**（2013年1月21日）

**第17条**　信息主体可以向征信机构查询自身信息。个人信息主体有权每年两次免费获取本人的信用报告。

## ● *国家标准*

**5.《信息安全技术　个人信息安全规范》**（2020年3月6日　GB/T 35273－2020）

8.1 个人信息查询

个人信息控制者应向个人信息主体提供查询下列信息的方法：

a）其所持有的关于该主体的个人信息或个人信息的类型；

b）上述个人信息的来源、所用于的目的；

c）已经获得上述个人信息的第三方身份或类型。

注：个人信息主体提出查询非其主动提供的个人信息时，个人信息控制者可在综合考虑不响应请求可能对个人信息主体合法权益带来的风险和损害，以及技术可行性、实现请求的成本等因素后，作出是否响应的决定，并给出解释说明。

8.6 个人信息主体获取个人信息副本

根据个人信息主体的请求，个人信息控制者宜为个人信息主体提供获取以下类型个人信息副本的方法，或在技术可行的前提下直接将以下类型个人信息的副本传输给个人信息主体指定的第三方：

a）本人的基本资料、身份信息；

b）本人的健康生理信息、教育工作信息。

8.7 响应个人信息主体的请求

对个人信息控制者的要求包括：

a）在验证个人信息主体身份后，应及时响应个人信息主体基于8.1～8.6提出的请求，应在三十天内或法律法规规定的期限内作出答复及合理解释，并告知个人信息主体外部纠纷解决途径；

b）采用交互式页面（如网站、移动互联网应用程序、客户端软件等）提供产品或服务的，宜直接设置便捷的交互式页面提供功能或选项，便于个人信息主体在线行使其访问、更正、删除、撤回授权同意、注销账户等权利；

c）对合理的请求原则上不收取费用，但对一定时期内多次重复的请求，可视情收取一定成本费用；

d）直接实现个人信息主体的请求需要付出高额成本或存在其他显著困难的，个人信息控制者应向个人信息主体提供替代方法，以保障个人信息主体的合法权益；

e）以下情行可不响应个人信息主体基于8.1～8.6提出的请求，包括：

1）与个人信息控制者履行法律法规规定的义务相关的；

2）与国家安全、国防安全直接相关的；

3）与公共安全、公共卫生、重大公共利益直接相关的；

4）与刑事侦查、起诉、审判和执行判决等直接相关的；

5）个人信息控制者有充分证据表明个人信息主体存在主观恶意或滥用权利的；

6）出于维护个人信息主体或其他个人的生命、财产等重大合法权益但又很难得到本人授权同意的；

7）响应个人信息主体的请求将导致个人信息主体或其他个人、组织的合法权益受到严重损害的；

8）涉及商业秘密的。

f）如决定不响应个人信息主体的请求，应向个人信息主体告知该决定的理由，并向个人信息主体提供投诉的途径。

## 第四十六条 【更正权和补充权】

个人发现其个人信息不准确或者不完整的，有权请求个人信息处理者更正、补充。

个人请求更正、补充其个人信息的，个人信息处理者应当对其个人信息予以核实，并及时更正、补充。

### ● 法　律

**1.《中华人民共和国网络安全法》**（2016 年 11 月 7 日）

**第 43 条**　个人发现网络运营者违反法律、行政法规的规定或者双方的约定收集、使用其个人信息的，有权要求网络运营者删除其个人信息；发现网络运营者收集、存储的其个人信息有错误的，有权要求网络运营者予以更正。网络运营者应当采取措施予以删除或者更正。

**2.《中华人民共和国民法典》**（2020 年 5 月 28 日）

**第 1037 条**　自然人可以依法向信息处理者查阅或者复制其个人信息；发现信息有错误的，有权提出异议并请求及时采取更正等必要措施。

自然人发现信息处理者违反法律、行政法规的规定或者双方的约定处理其个人信息的，有权请求信息处理者及时删除。

**3.《中华人民共和国未成年人保护法》**《2020 年 10 月 17 日》

**第 72 条**　信息处理者通过网络处理未成年人个人信息的，应当遵循合法、正当和必要的原则。处理不满十四周岁未成年人个人信息的，应当征得未成年人的父母或者其他监护人同意，但法律、行政法规另有规定的除外。

未成年人、父母或者其他监护人要求信息处理者更正、删除未成年人个人信息的，信息处理者应当及时采取措施予以更正、删除，但法律、行政法规另有规定的除外。

4.**《中华人民共和国电子商务法》**（2018年8月31日）

**第24条** 电子商务经营者应当明示用户信息查询、更正、删除以及用户注销的方式、程序，不得对用户信息查询、更正、删除以及用户注销设置不合理条件。

电子商务经营者收到用户信息查询或者更正、删除的申请的，应当在核实身份后及时提供查询或者更正、删除用户信息。用户注销的，电子商务经营者应当立即删除该用户的信息；依照法律、行政法规的规定或者双方约定保存的，依照其规定。

### ● *行政法规及文件*

5.**《中华人民共和国政府信息公开条例》**（2019年4月3日）

**第41条** 公民、法人或者其他组织有证据证明行政机关提供的与其自身相关的政府信息记录不准确的，可以要求行政机关更正。有权更正的行政机关审核属实的，应当予以更正并告知申请人；不属于本行政机关职能范围的，行政机关可以转送有权更正的行政机关处理并告知申请人，或者告知申请人向有权更正的行政机关提出。

6.**《征信业管理条例》**（2013年1月21日）

**第25条** 信息主体认为征信机构采集、保存、提供的信息存在错误、遗漏的，有权向征信机构或者信息提供者提出异议，要求更正。

征信机构或者信息提供者收到异议，应当按照国务院征信业监督管理部门的规定对相关信息作出存在异议的标注，自收到异议之日起20日内进行核查和处理，并将结果书面答复异议人。

经核查，确认相关信息确有错误、遗漏的，信息提供者、征信机构应当予以更正；确认不存在错误、遗漏的，应当取消异议标注；经核查仍不能确认的，对核查情况和异议内容应当予以记载。

## 第四十七条 【删除权】

有下列情形之一的，个人信息处理者应当主动删除个人信息；个人信息处理者未删除的，个人有权请求删除：

（一）处理目的已实现、无法实现或者为实现处理目的不再必要；

（二）个人信息处理者停止提供产品或者服务，或者保存期限已届满；

（三）个人撤回同意；

（四）个人信息处理者违反法律、行政法规或者违反约定处理个人信息；

（五）法律、行政法规规定的其他情形。

法律、行政法规规定的保存期限未届满，或者删除个人信息从技术上难以实现的，个人信息处理者应当停止除存储和采取必要的安全保护措施之外的处理。

### ● 法 律

1.《中华人民共和国网络安全法》（2016 年 11 月 7 日）

**第 43 条** 个人发现网络运营者违反法律、行政法规的规定或者双方的约定收集、使用其个人信息的，有权要求网络运营者删除其个人信息；发现网络运营者收集、存储的其个人信息有错误的，有权要求网络运营者予以更正。网络运营者应当采取措施予以删除或者更正。

2.《中华人民共和国电子商务法》（2018 年 8 月 31 日）

**第 24 条** 电子商务经营者应当明示用户信息查询、更正、删除以及用户注销的方式、程序，不得对用户信息查询、更正、删除以及用户注销设置不合理条件。

电子商务经营者收到用户信息查询或者更正、删除的申请的，应当在核实身份后及时提供查询或者更正、删除用户信息。用户注销的，电子商务经营者应当立即删除该用户的信息；依照法律、行政法规的规定或者双方约定保存的，依照其规定。

3.《中华人民共和国未成年人保护法》(2020 年 10 月 17 日)

**第 72 条** 信息处理者通过网络处理未成年人个人信息的，应当遵循合法、正当和必要的原则。处理不满十四周岁未成年人个人信息的，应当征得未成年人的父母或者其他监护人同意，但法律、行政法规另有规定的除外。

未成年人、父母或者其他监护人要求信息处理者更正、删除未成年人个人信息的，信息处理者应当及时采取措施予以更正、删除，但法律、行政法规另有规定的除外。

4.《中华人民共和国证券法》(2019 年 12 月 28 日)

**第 137 条** 证券公司应当建立客户信息查询制度，确保客户能够查询其账户信息、委托记录、交易记录以及其他与接受服务或者购买产品有关的重要信息。

证券公司应当妥善保存客户开户资料、委托记录、交易记录和与内部管理、业务经营有关的各项信息，任何人不得隐匿、伪造、篡改或者毁损。上述信息的保存期限不得少于二十年。

5.《中华人民共和国电子签名法》(2019 年 4 月 23 日)

**第 24 条** 电子认证服务提供者应当妥善保存与认证相关的信息，信息保存期限至少为电子签名认证证书失效后五年。

6.《中华人民共和国精神卫生法》(2018 年 4 月 27 日)

**第 47 条** 医疗机构及其医务人员应当在病历资料中如实记录精神障碍患者的病情、治疗措施、用药情况、实施约束、隔离措施等内容，并如实告知患者或者其监护人。患者及其监护人可以查阅、复制病历资料；但是，患者查阅、复制病历资料可能对其治疗产生不利影响的除外。病历资料保存期限不得少于三十年。

7.《全国人民代表大会常务委员会关于加强网络信息保护的决定》(2012 年 12 月 28 日)

**八、**公民发现泄露个人身份、散布个人隐私等侵害其合法权益的网络信息，或者受到商业性电子信息侵扰的，有权要求网络服务提供者删除有关信息或者采取其他必要措施予以制止。

## ● 行政法规及文件

**8.《征信业管理条例》**（2013 年 1 月 21 日）

**第 16 条** 征信机构对个人不良信息的保存期限，自不良行为或者事件终止之日起为 5 年；超过 5 年的，应当予以删除。

在不良信息保存期限内，信息主体可以对不良信息作出说明，征信机构应当予以记载。

## ● 部门规章及文件

**9.《儿童个人信息网络保护规定》**（2019 年 8 月 22 日）

**第 20 条** 儿童或者其监护人要求网络运营者删除其收集、存储、使用、披露的儿童个人信息的，网络运营者应当及时采取措施予以删除，包括但不限于以下情形：

（一）网络运营者违反法律、行政法规的规定或者双方的约定收集、存储、使用、转移、披露儿童个人信息的；

（二）超出目的范围或者必要期限收集、存储、使用、转移、披露儿童个人信息的；

（三）儿童监护人撤回同意的；

（四）儿童或者其监护人通过注销等方式终止使用产品或者服务的。

**10.《App 违法违规收集使用个人信息行为认定方法》**（2019 年 11 月 28 日）

六、以下行为可被认定为“未按法律规定提供删除或更正个人信息功能”或“未公布投诉、举报方式等信息”

1. 未提供有效的更正、删除个人信息及注销用户账号功能；

2. 为更正、删除个人信息或注销用户账号设置不必要或不合理条件；

3. 虽提供了更正、删除个人信息及注销用户账号功能，但未及时响应用户相应操作，需人工处理的，未在承诺时限内（承诺时限不得超过 15 个工作日，无承诺时限的，以 15 个工作日为限）完成核查和处理；

4. 更正、删除个人信息或注销用户账号等用户操作已执行完毕，但 App 后台并未完成的；

5. 未建立并公布个人信息安全投诉、举报渠道，或未在承诺时限内（承诺时限不得超过 15 个工作日，无承诺时限的，以 15 个工作日为限）受理并处理的。

## 第四十八条 【解释说明权】

个人有权要求个人信息处理者对其个人信息处理规则进行解释说明。

## 第四十九条 【死者的个人信息保护】

自然人死亡的，其近亲属为了自身的合法、正当利益，可以对死者的相关个人信息行使本章规定的查阅、复制、更正、删除等权利；死者生前另有安排的除外。

● *法　律*

1.《**中华人民共和国民法典**》（2020 年 5 月 28 日）

**第 994 条** 死者的姓名、肖像、名誉、荣誉、隐私、遗体等受到侵害的，其配偶、子女、父母有权依法请求行为人承担民事责任；死者没有配偶、子女且父母已经死亡的，其他近亲属有权依法请求行为人承担民事责任。

**第 1045 条** 亲属包括配偶、血亲和姻亲。

配偶、父母、子女、兄弟姐妹、祖父母、外祖父母、孙子女、外孙子女为近亲属。

配偶、父母、子女和其他共同生活的近亲属为家庭成员。

● *司法解释及文件*

2.《**最高人民法院关于审理使用人脸识别技术处理个人信息相关民事案件适用法律若干问题的规定**》（2021 年 7 月 27 日）

**第 15 条** 自然人死亡后，信息处理者违反法律、行政法规的规定或者双方的约定处理人脸信息，死者的近亲属依据民法典第九百九十四条请求信息处理者承担民事责任的，适用本规定。

## 第五十条 【权利行使的申请受理和处理】

个人信息处理者应当建立便捷的个人行使权利的申请受理和处理机制。拒绝个人行使权利的请求的，应当说明理由。

个人信息处理者拒绝个人行使权利的请求的，个人可以依法向人民法院提起诉讼。

● **法　律**

1.**《中华人民共和国网络安全法》**（2016年11月7日）

**第49条**　网络运营者应当建立网络信息安全投诉、举报制度，公布投诉、举报方式等信息，及时受理并处理有关网络信息安全的投诉和举报。

网络运营者对网信部门和有关部门依法实施的监督检查，应当予以配合。

2.**《中华人民共和国电子商务法》**（2018年8月31日）

**第59条**　电子商务经营者应当建立便捷、有效的投诉、举报机制，公开投诉、举报方式等信息，及时受理并处理投诉、举报。

# 第五章　个人信息处理者的义务

**第五十一条　【个人信息安全保护要求】**

个人信息处理者应当根据个人信息的处理目的、处理方式、个人信息的种类以及对个人权益的影响、可能存在的安全风险等，采取下列措施确保个人信息处理活动符合法律、行政法规的规定，并防止未经授权的访问以及个人信息泄露、篡改、丢失：

（一）制定内部管理制度和操作规程；

（二）对个人信息实行分类管理；

（三）采取相应的加密、去标识化等安全技术措施；

（四）合理确定个人信息处理的操作权限，并定期对从业人员进行安全教育和培训；

（五）制定并组织实施个人信息安全事件应急预案；

（六）法律、行政法规规定的其他措施。

● **法　律**

1.**《中华人民共和国数据安全法》**（2021年6月10日）

**第21条**　国家建立数据分类分级保护制度，根据数据在经济社会发展中的重要程度，以及一旦遭到篡改、破坏、泄露或者非法获取、非法利用，对国家安全、公共利益或者个人、组织合法权益造成的危害程度，对数据实行分类分级保护。国家数据安全工作协调机制统筹协调有关部门制定重要数据目录，加强对重要数据的保护。

关系国家安全、国民经济命脉、重要民生、重大公共利益等数据属于国家核心数据，实行更加严格的管理制度。

各地区、各部门应当按照数据分类分级保护制度，确定本地区、本部门以及相关行业、领域的重要数据具体目录，对列入目录的数据进行重点保护。

**第 23 条** 国家建立数据安全应急处置机制。发生数据安全事件，有关主管部门应当依法启动应急预案，采取相应的应急处置措施，防止危害扩大，消除安全隐患，并及时向社会发布与公众有关的警示信息。

**第 27 条** 开展数据处理活动应当依照法律、法规的规定，建立健全全流程数据安全管理制度，组织开展数据安全教育培训，采取相应的技术措施和其他必要措施，保障数据安全。利用互联网等信息网络开展数据处理活动，应当在网络安全等级保护制度的基础上，履行上述数据安全保护义务。

重要数据的处理者应当明确数据安全负责人和管理机构，落实数据安全保护责任。

**2.《中华人民共和国网络安全法》**（2016 年 11 月 7 日）

**第 21 条** 国家实行网络安全等级保护制度。网络运营者应当按照网络安全等级保护制度的要求，履行下列安全保护义务，保障网络免受干扰、破坏或者未经授权的访问，防止网络数据泄露或者被窃取、篡改：

（一）制定内部安全管理制度和操作规程，确定网络安全负责人，落实网络安全保护责任；

（二）采取防范计算机病毒和网络攻击、网络侵入等危害网络安全行为的技术措施；

（三）采取监测、记录网络运行状态、网络安全事件的技术措施，并按照规定留存相关的网络日志不少于六个月；

（四）采取数据分类、重要数据备份和加密等措施；

（五）法律、行政法规规定的其他义务。

**第 25 条** 网络运营者应当制定网络安全事件应急预案，及时处置系统漏洞、计算机病毒、网络攻击、网络侵入等安全风险；在发生危害网络安全的事件时，立即启动应急预案，采取相应的补救措施，并按照规定向有关主管部门报告。

**第 42 条** 网络运营者不得泄露、篡改、毁损其收集的个人信息；未经被收集者同意，不得向他人提供个人信息。但是，经过处理无法识别特定个人且不能复原的除外。

网络运营者应当采取技术措施和其他必要措施，确保其收集的个人信息安全，防止信息泄露、毁损、丢失。在发生或者可能发生个人信息泄露、毁损、丢失的情况时，应当立即采取补救措施，按照规定及时告知用户并向有关主管部门报告。

**第 53 条** 国家网信部门协调有关部门建立健全网络安全风险评估和应急工作机制，制定网络安全事件应急预案，并定期组织演练。

负责关键信息基础设施安全保护工作的部门应当制定本行业、本领域的网络安全事件应急预案，并定期组织演练。

网络安全事件应急预案应当按照事件发生后的危害程度、影响范围等因素对网络安全事件进行分级，并规定相应的应急处置措施。

3. **《中华人民共和国民法典》**（2020 年 5 月 28 日）

**第 1038 条** 信息处理者不得泄露或者篡改其收集、存储的个人信息；未经自然人同意，不得向他人非法提供其个人信息，但是经过加工无法识别特定个人且不能复原的除外。

信息处理者应当采取技术措施和其他必要措施，确保其收集、存储的个人信息安全，防止信息泄露、篡改、丢失；发生或者可能发生个人信息泄露、篡改、丢失的，应当及时采取补救措施，按照规定告知自然人并向有关主管部门报告。

4. **《全国人民代表大会常务委员会关于加强网络信息保护的决定》**（2012 年 12 月 28 日）

**四、**网络服务提供者和其他企业事业单位应当采取技术措施和其他必要措施，确保信息安全，防止在业务活动中收集的公民个人电子信息泄露、毁损、丢失。在发生或者可能发生信息泄露、毁损、丢失的情况时，应当立即采取补救措施。

### ● 行政法规及文件

**5.《征信业管理条例》**（2013 年 1 月 21 日）

**第 22 条** 征信机构应当按照国务院征信业监督管理部门的规定，建立健全和严格执行保障信息安全的规章制度，并采取有效技术措施保障信息安全。

经营个人征信业务的征信机构应当对其工作人员查询个人信息的权限和程序作出明确规定，对工作人员查询个人信息的情况进行登记，如实记载查询工作人员的姓名，查询的时间、内容及用途。工作人员不得违反规定的权限和程序查询信息，不得泄露工作中获取的信息。

### ● 部门规章及文件

**6.《电信和互联网用户个人信息保护规定》**（2013 年 7 月 16 日）

**第 6 条** 电信业务经营者、互联网信息服务提供者对其在提供服务过程中收集、使用的用户个人信息的安全负责。

**第 13 条** 电信业务经营者、互联网信息服务提供者应当采取以下措施防止用户个人信息泄露、毁损、篡改或者丢失：

（一）确定各部门、岗位和分支机构的用户个人信息安全管理责任；

（二）建立用户个人信息收集、使用及其相关活动的工作流程和安全管理制度；

（三）对工作人员及代理人实行权限管理，对批量导出、复制、销毁信息实行审查，并采取防泄密措施；

（四）妥善保管记录用户个人信息的纸介质、光介质、电磁介质等载体，并采取相应的安全储存措施；

（五）对储存用户个人信息的信息系统实行接入审查，并采取防入侵、防病毒等措施；

（六）记录对用户个人信息进行操作的人员、时间、地点、事项等信息；

（七）按照电信管理机构的规定开展通信网络安全防护工作；

（八）电信管理机构规定的其他必要措施。

**7.《个人信用信息基础数据库管理暂行办法》**（2005 年 8 月 18 日）

**第 8 条** 征信服务中心应当建立完善的规章制度和采取先进的技术手段

确保个人信用信息安全。

**第26条** 商业银行应当根据中国人民银行的有关规定，制定相关信用信息报送、查询、使用、异议处理、安全管理等方面的内部管理制度和操作规程，并报中国人民银行备案。

**第27条** 商业银行应当建立用户管理制度，明确管理员用户、数据上报用户和信息查询用户的职责及操作规程。

商业银行管理员用户、数据上报用户和查询用户不得互相兼职。

**8.《儿童个人信息网络保护规定》**（2019年8月22日）

**第15条** 网络运营者对其工作人员应当以最小授权为原则，严格设定信息访问权限，控制儿童个人信息知悉范围。工作人员访问儿童个人信息的，应当经过儿童个人信息保护负责人或者其授权的管理人员审批，记录访问情况，并采取技术措施，避免违法复制、下载儿童个人信息。

## 第五十二条 【个人信息保护负责人】

处理个人信息达到国家网信部门规定数量的个人信息处理者应当指定个人信息保护负责人，负责对个人信息处理活动以及采取的保护措施等进行监督。

个人信息处理者应当公开个人信息保护负责人的联系方式，并将个人信息保护负责人的姓名、联系方式等报送履行个人信息保护职责的部门。

## 第五十三条 【境外个人信息处理者的相关义务】

本法第三条第二款规定的中华人民共和国境外的个人信息处理者，应当在中华人民共和国境内设立专门机构或者指定代表，负责处理个人信息保护相关事务，并将有关机构的名称或者代表的姓名、联系方式等报送履行个人信息保护职责的部门。

## 第五十四条 【定期合规审计】

个人信息处理者应当定期对其处理个人信息遵守法律、行政法规的情况进行合规审计。

● ***部门规章及文件***

**《电信和互联网用户个人信息保护规定》**（2013 年 7 月 16 日）

**第 19 条** 电信管理机构实施电信业务经营许可及经营许可证年检时，应当对用户个人信息保护情况进行审查。

## 第五十五条 【影响评估义务】

有下列情形之一的，个人信息处理者应当事前进行个人信息保护影响评估，并对处理情况进行记录：

（一）处理敏感个人信息；

（二）利用个人信息进行自动化决策；

（三）委托处理个人信息、向其他个人信息处理者提供个人信息、公开个人信息；

（四）向境外提供个人信息；

（五）其他对个人权益有重大影响的个人信息处理活动。

● ***法 律***

**《中华人民共和国数据安全法》**（2021 年 6 月 10 日）

**第 30 条** 重要数据的处理者应当按照规定对其数据处理活动定期开展风险评估，并向有关主管部门报送风险评估报告。

风险评估报告应当包括处理的重要数据的种类、数量，开展数据处理活动的情况，面临的数据安全风险及其应对措施等。

## 第五十六条 【影响评估内容】

个人信息保护影响评估应当包括下列内容：

（一）个人信息的处理目的、处理方式等是否合法、正当、必要；

（二）对个人权益的影响及安全风险；

（三）所采取的保护措施是否合法、有效并与风险程度相适应。

个人信息保护影响评估报告和处理情况记录应当至少保存三年。

● *法　律*

1.《**中华人民共和国网络安全法**》（2016年11月7日）

**第35条**　关键信息基础设施的运营者采购网络产品和服务，可能影响国家安全的，应当通过国家网信部门会同国务院有关部门组织的国家安全审查。

● *部门规章及文件*

2.《**网络交易监督管理办法**》（2021年3月15日）

**第31条**　网络交易平台经营者对平台内经营者身份信息的保存时间自其退出平台之日起不少于三年；对商品或者服务信息，支付记录、物流快递、退换货以及售后等交易信息的保存时间自交易完成之日起不少于三年。法律、行政法规另有规定的，依照其规定。

● *国家标准*

3.《**信息安全技术　个人信息安全规范**》（2020年3月6日　GB/T 35273－2020）

3.9 个人信息安全影响评估 personal information security impact assessment

针对个人信息处理活动，检验其合法合规程度，判断其对个人信息主体合法权益造成损害的各种风险，以及评估用于保护个人信息主体的各项措施有效性的过程

11.4 开展个人信息安全影响评估

对个人信息控制者的要求包括：

a）应建立个人信息安全影响评估制度，评估并处置个人信息处理活动存在的安全风险；

b）个人信息安全影响评估应主要评估处理活动遵循个人信息安全基本原则的情况，以及个人信息处理活动对个人信息主体合法权益的影响，内容

包括但不限于：

1）个人信息收集环节是否遵循目的明确、选择同意、最小必要等原则；

2）个人信息处理是否可能对个人信息主体合法权益造成不利影响，包括是否会危害人身和财产安全、损害个人名誉和身心健康、导致差别性待遇等；

3）个人信息安全措施的有效性；

4）匿名化或去标识化处理后的数据集重新识别出个人信息主体或与其他数据集汇聚后重新识别出个人信息主体的风险；

5）共享、转让、公开披露个人信息对个人信息主体合法权益可能产生的不利影响；

6）发生安全事件时，对个人信息主体合法权益可能产生的不利影响。

c）在产品或服务发布前，或业务功能发生重大变化时，应进行个人信息安全影响评估；

d）在法律法规有新的要求时，或在业务模式、信息系统、运行环境发生重大变更时，或发生重大个人信息安全事件时，应进行个人信息安全影响评估；

e）形成个人信息安全影响评估报告，并以此采取保护个人信息主体的措施，使风险降低到可接受的水平；

f）妥善留存个人信息安全影响评估报告，确保可供相关方查阅，并以适宜的形式对外公开。



## 第五十七条【泄露的补救和通知】

**发生或者可能发生个人信息泄露、篡改、丢失的，个人信息处理者应当立即采取补救措施，并通知履行个人信息保护职责的部门和个人。通知应当包括下列事项：**

**（一）发生或者可能发生个人信息泄露、篡改、丢失的信息种类、原因和可能造成的危害；**

**（二）个人信息处理者采取的补救措施和个人可以采取的减轻危害的措施；**

**（三）个人信息处理者的联系方式。**

个人信息处理者采取措施能够有效避免信息泄露、篡改、丢失造成危害的，个人信息处理者可以不通知个人；履行个人信息保护职责的部门认为可能造成危害的，有权要求个人信息处理者通知个人。

## ● 法　律

1. **《中华人民共和国网络安全法》**（2016 年 11 月 7 日）

**第 42 条**　网络运营者不得泄露、篡改、毁损其收集的个人信息；未经被收集者同意，不得向他人提供个人信息。但是，经过处理无法识别特定个人且不能复原的除外。

网络运营者应当采取技术措施和其他必要措施，确保其收集的个人信息安全，防止信息泄露、毁损、丢失。在发生或者可能发生个人信息泄露、毁损、丢失的情况时，应当立即采取补救措施，按照规定及时告知用户并向有关主管部门报告。

2. **《中华人民共和国民法典》**（2020 年 5 月 28 日）

**第 1038 条**　信息处理者不得泄露或者篡改其收集、存储的个人信息；未经自然人同意，不得向他人非法提供其个人信息，但是经过加工无法识别特定个人且不能复原的除外。

信息处理者应当采取技术措施和其他必要措施，确保其收集、存储的个人信息安全，防止信息泄露、篡改、丢失；发生或者可能发生个人信息泄露、篡改、丢失的，应当及时采取补救措施，按照规定告知自然人并向有关主管部门报告。

3. **《全国人民代表大会常务委员会关于加强网络信息保护的决定》**（2012 年 12 月 28 日）

**四、**网络服务提供者和其他企业事业单位应当采取技术措施和其他必要措施，确保信息安全，防止在业务活动中收集的公民个人电子信息泄露、毁损、丢失。在发生或者可能发生信息泄露、毁损、丢失的情况时，应当立即采取补救措施。

● *行政法规及文件*

4.**《关键信息基础设施安全保护条例》**（2021年7月30日）

**第18条** 关键信息基础设施发生重大网络安全事件或者发现重大网络安全威胁时，运营者应当按照有关规定向保护工作部门、公安机关报告。

发生关键信息基础设施整体中断运行或者主要功能故障、国家基础信息以及其他重要数据泄露、较大规模个人信息泄露、造成较大经济损失、违法信息较大范围传播等特别重大网络安全事件或者发现特别重大网络安全威胁时，保护工作部门应当在收到报告后，及时向国家网信部门、国务院公安部门报告。

● *部门规章及文件*

5.**《电信和互联网用户个人信息保护规定》**（2013年7月16日）

**第14条** 电信业务经营者、互联网信息服务提供者保管的用户个人信息发生或者可能发生泄露、毁损、丢失的，应当立即采取补救措施；造成或者可能造成严重后果的，应当立即向准予其许可或者备案的电信管理机构报告，配合相关部门进行的调查处理。

电信管理机构应当对报告或者发现的可能违反本规定的行为的影响进行评估；影响特别重大的，相关省、自治区、直辖市通信管理局应当向工业和信息化部报告。电信管理机构在依据本规定作出处理决定前，可以要求电信业务经营者和互联网信息服务提供者暂停有关行为，电信业务经营者和互联网信息服务提供者应当执行。



## 第五十八条 【超大互联网平台的保护义务】

提供重要互联网平台服务、用户数量巨大、业务类型复杂的个人信息处理者，应当履行下列义务：

（一）按照国家规定建立健全个人信息保护合规制度体系，成立主要由外部成员组成的独立机构对个人信息保护情况进行监督；

（二）遵循公开、公平、公正的原则，制定平台规则，明确平台内产品或者服务提供者处理个人信息的规范和保护个人信息的义务；

（三）对严重违反法律、行政法规处理个人信息的平台内的产品或者服务提供者，停止提供服务；

（四）定期发布个人信息保护社会责任报告，接受社会监督。

## ● 法　律

### 1.《中华人民共和国网络安全法》（2016 年 11 月 7 日）

**第 33 条**　建设关键信息基础设施应当确保其具有支持业务稳定、持续运行的性能，并保证安全技术措施同步规划、同步建设、同步使用。

**第 34 条**　除本法第二十一条的规定外，关键信息基础设施的运营者还应当履行下列安全保护义务：

（一）设置专门安全管理机构和安全管理负责人，并对该负责人和关键岗位的人员进行安全背景审查；

（二）定期对从业人员进行网络安全教育、技术培训和技能考核；

（三）对重要系统和数据库进行容灾备份；

（四）制定网络安全事件应急预案，并定期进行演练；

（五）法律、行政法规规定的其他义务。

**第 47 条**　网络运营者应当加强对其用户发布的信息的管理，发现法律、行政法规禁止发布或者传输的信息的，应当立即停止传输该信息，采取消除等处置措施，防止信息扩散，保存有关记录，并向有关主管部门报告。

**第 48 条**　任何个人和组织发送的电子信息、提供的应用软件，不得设置恶意程序，不得含有法律、行政法规禁止发布或者传输的信息。

电子信息发送服务提供者和应用软件下载服务提供者，应当履行安全管理义务，知道其用户有前款规定行为的，应当停止提供服务，采取消除等处置措施，保存有关记录，并向有关主管部门报告。

### 2.《中华人民共和国电子商务法》（2018 年 8 月 31 日）

**第 32 条**　电子商务平台经营者应当遵循公开、公平、公正的原则，制定平台服务协议和交易规则，明确进入和退出平台、商品和服务质量保障、消费者权益保护、个人信息保护等方面的权利和义务。

**第 36 条** 电子商务平台经营者依据平台服务协议和交易规则对平台内经营者违反法律、法规的行为实施警示、暂停或者终止服务等措施的，应当及时公示。

**3.《全国人民代表大会常务委员会关于加强网络信息保护的决定》**（2012 年 12 月 28 日）

**五、**网络服务提供者应当加强对其用户发布的信息的管理，发现法律、法规禁止发布或者传输的信息的，应当立即停止传输该信息，采取消除等处置措施，保存有关记录，并向有关主管部门报告。

● *行政法规及文件*

**4.《互联网信息服务管理办法》**（2011 年 1 月 8 日）

**第 15 条** 互联网信息服务提供者不得制作、复制、发布、传播含有下列内容的信息：

（一）反对宪法所确定的基本原则的；

（二）危害国家安全，泄露国家秘密，颠覆国家政权，破坏国家统一的；

（三）损害国家荣誉和利益的；

（四）煽动民族仇恨、民族歧视，破坏民族团结的；

（五）破坏国家宗教政策，宣扬邪教和封建迷信的；

（六）散布谣言，扰乱社会秩序，破坏社会稳定的；

（七）散布淫秽、色情、赌博、暴力、凶杀、恐怖或者教唆犯罪的；

（八）侮辱或者诽谤他人，侵害他人合法权益的；

（九）含有法律、行政法规禁止的其他内容的。

**第 16 条** 互联网信息服务提供者发现其网站传输的信息明显属于本办法第十五条所列内容之一的，应当立即停止传输，保存有关记录，并向国家有关机关报告。

## 第五十九条 【受托方的保护义务】

接受委托处理个人信息的受托人，应当依照本法和有关法律、行政法规的规定，采取必要措施保障所处理的个人信息的安全，并协助个人信息处理者履行本法规定的义务。

## ● 法　律

### 1.《中华人民共和国数据安全法》（2021 年 6 月 10 日）

**第 27 条**　开展数据处理活动应当依照法律、法规的规定，建立健全全流程数据安全管理制度，组织开展数据安全教育培训，采取相应的技术措施和其他必要措施，保障数据安全。利用互联网等信息网络开展数据处理活动，应当在网络安全等级保护制度的基础上，履行上述数据安全保护义务。

重要数据的处理者应当明确数据安全负责人和管理机构，落实数据安全保护责任。

**第 40 条**　国家机关委托他人建设、维护电子政务系统，存储、加工政务数据，应当经过严格的批准程序，并应当监督受托方履行相应的数据安全保护义务。受托方应当依照法律、法规的规定和合同约定履行数据安全保护义务，不得擅自留存、使用、泄露或者向他人提供政务数据。

### 2.《中华人民共和国网络安全法》（2016 年 11 月 7 日）

**第 21 条**　国家实行网络安全等级保护制度。网络运营者应当按照网络安全等级保护制度的要求，履行下列安全保护义务，保障网络免受干扰、破坏或者未经授权的访问，防止网络数据泄露或者被窃取、篡改：

（一）制定内部安全管理制度和操作规程，确定网络安全负责人，落实网络安全保护责任；

（二）采取防范计算机病毒和网络攻击、网络侵入等危害网络安全行为的技术措施；

（三）采取监测、记录网络运行状态、网络安全事件的技术措施，并按照规定留存相关的网络日志不少于六个月；

（四）采取数据分类、重要数据备份和加密等措施；

（五）法律、行政法规规定的其他义务。

## ● *行政法规及文件*

### 3.《中华人民共和国计算机信息系统安全保护条例》（2011 年 1 月 8 日）

**第 9 条**　计算机信息系统实行安全等级保护。安全等级的划分标准和安全等级保护的具体办法，由公安部会同有关部门制定。

# 第六章　履行个人信息保护职责的部门

**第六十条　【履行个人信息保护职责的部门的职能划分】**

国家网信部门负责统筹协调个人信息保护工作和相关监督管理工作。国务院有关部门依照本法和有关法律、行政法规的规定，在各自职责范围内负责个人信息保护和监督管理工作。

县级以上地方人民政府有关部门的个人信息保护和监督管理职责，按照国家有关规定确定。

前两款规定的部门统称为履行个人信息保护职责的部门。

● ***法　律***

1. **《中华人民共和国网络安全法》**（2016 年 11 月 7 日）

**第 8 条**　国家网信部门负责统筹协调网络安全工作和相关监督管理工作。国务院电信主管部门、公安部门和其他有关机关依照本法和有关法律、行政法规的规定，在各自职责范围内负责网络安全保护和监督管理工作。

县级以上地方人民政府有关部门的网络安全保护和监督管理职责，按照国家有关规定确定。

**第 9 条**　网络运营者开展经营和服务活动，必须遵守法律、行政法规，尊重社会公德，遵守商业道德，诚实信用，履行网络安全保护义务，接受政府和社会的监督，承担社会责任。

2. **《中华人民共和国数据安全法》**（2021 年 6 月 10 日）

**第 5 条**　中央国家安全领导机构负责国家数据安全工作的决策和议事协调，研究制定、指导实施国家数据安全战略和有关重大方针政策，统筹协调国家数据安全的重大事项和重要工作，建立国家数据安全工作协调机制。

**第 6 条**　各地区、各部门对本地区、本部门工作中收集和产生的数据及数据安全负责。

工业、电信、交通、金融、自然资源、卫生健康、教育、科技等主管部门承担本行业、本领域数据安全监管职责。

公安机关、国家安全机关等依照本法和有关法律、行政法规的规定，在各自职责范围内承担数据安全监管职责。

国家网信部门依照本法和有关法律、行政法规的规定，负责统筹协调网络数据安全和相关监管工作。

3.《**中华人民共和国电子商务法**》（2018年8月31日）

**第6条** 国务院有关部门按照职责分工负责电子商务发展促进、监督管理等工作。县级以上地方各级人民政府可以根据本行政区域的实际情况，确定本行政区域内电子商务的部门职责划分。

● *行政法规及文件*

4.《**中华人民共和国电信条例**》（2016年2月6日）

**第3条** 国务院信息产业主管部门依照本条例的规定对全国电信业实施监督管理。

省、自治区、直辖市电信管理机构在国务院信息产业主管部门的领导下，依照本条例的规定对本行政区域内的电信业实施监督管理。

5.《**征信业管理条例**》（2013年1月21日）

**第4条** 中国人民银行（以下称国务院征信业监督管理部门）及其派出机构依法对征信业进行监督管理。

县级以上地方人民政府和国务院有关部门依法推进本地区、本行业的社会信用体系建设，培育征信市场，推动征信业发展。

● *部门规章及文件*

6.《**电信和互联网用户个人信息保护规定**》（2013年7月16日）

**第3条** 工业和信息化部和各省、自治区、直辖市通信管理局（以下统称电信管理机构）依法对电信和互联网用户个人信息保护工作实施监督管理。

## 第六十一条 【履行个人信息保护职责的部门的职责内容】

履行个人信息保护职责的部门履行下列个人信息保护职责：

（一）开展个人信息保护宣传教育，指导、监督个人信息处理者开展个人信息保护工作；

（二）接受、处理与个人信息保护有关的投诉、举报；

（三）组织对应用程序等个人信息保护情况进行测评，并公布测评结果；

（四）调查、处理违法个人信息处理活动；

（五）法律、行政法规规定的其他职责。

## ● 法 律

### 1.《中华人民共和国网络安全法》（2016 年 11 月 7 日）

**第 14 条** 任何个人和组织有权对危害网络安全的行为向网信、电信、公安等部门举报。收到举报的部门应当及时依法作出处理；不属于本部门职责的，应当及时移送有权处理的部门。

有关部门应当对举报人的相关信息予以保密，保护举报人的合法权益。

**第 45 条** 依法负有网络安全监督管理职责的部门及其工作人员，必须对在履行职责中知悉的个人信息、隐私和商业秘密严格保密，不得泄露、出售或者非法向他人提供。

**第 64 条** 网络运营者、网络产品或者服务的提供者违反本法第二十二条第三款、第四十一条至第四十三条规定，侵害个人信息依法得到保护的权利的，由有关主管部门责令改正，可以根据情节单处或者并处警告、没收违法所得、处违法所得一倍以上十倍以下罚款，没有违法所得的，处一百万元以下罚款，对直接负责的主管人员和其他直接责任人员处一万元以上十万元以下罚款；情节严重的，并可以责令暂停相关业务、停业整顿、关闭网站、吊销相关业务许可证或者吊销营业执照。

违反本法第四十四条规定，窃取或者以其他非法方式获取、非法出售或者非法向他人提供个人信息，尚不构成犯罪的，由公安机关没收违法所得，并处违法所得一倍以上十倍以下罚款，没有违法所得的，处一百万元以下罚款。

### 2.《中华人民共和国数据安全法》（2021 年 6 月 10 日）

**第 12 条** 任何个人、组织都有权对违反本法规定的行为向有关主管部门投诉、举报。收到投诉、举报的部门应当及时依法处理。

有关主管部门应当对投诉、举报人的相关信息予以保密，保护投诉、举报人的合法权益。

3.《中华人民共和国电子商务法》（2018 年 8 月 31 日）

**第 79 条** 电子商务经营者违反法律、行政法规有关个人信息保护的规定，或者不履行本法第三十条和有关法律、行政法规规定的网络安全保障义务的，依照《中华人民共和国网络安全法》等法律、行政法规的规定处罚。

4.《中华人民共和国未成年人保护法》（2020 年 10 月 17 日）

**第 79 条** 任何组织或者个人发现网络产品、服务含有危害未成年人身心健康的信息，有权向网络产品和服务提供者或者网信、公安等部门投诉、举报。

● *行政法规及文件*

5.《征信业管理条例》（2013 年 1 月 21 日）

**第 26 条** 信息主体认为征信机构或者信息提供者、信息使用者侵害其合法权益的，可以向所在地的国务院征信业监督管理部门派出机构投诉。

受理投诉的机构应当及时进行核查和处理，自受理之日起 30 日内书面答复投诉人。

信息主体认为征信机构或者信息提供者、信息使用者侵害其合法权益的，可以直接向人民法院起诉。

**第 42 条** 信息使用者违反本条例规定，未按照与个人信息主体约定的用途使用个人信息或者未经个人信息主体同意向第三方提供个人信息，情节严重或者造成严重后果的，由国务院征信业监督管理部门或者其派出机构对单位处 2 万元以上 20 万元以下的罚款；对个人处 1 万元以上 5 万元以下的罚款；有违法所得的，没收违法所得。给信息主体造成损失的，依法承担民事责任；构成犯罪的，依法追究刑事责任。

## 第六十二条 【国家网信部门的统筹协调】

国家网信部门统筹协调有关部门依据本法推进下列个人信息保护工作：

（一）制定个人信息保护具体规则、标准；

（二）针对小型个人信息处理者、处理敏感个人信息以及人脸识别、人工智能等新技术、新应用，制定专门的个人信息保护规则、标准；

（三）支持研究开发和推广应用安全、方便的电子身份认证技术，推进网络身份认证公共服务建设；

（四）推进个人信息保护社会化服务体系建设，支持有关机构开展个人信息保护评估、认证服务；

（五）完善个人信息保护投诉、举报工作机制。

## ●法　律

### 1.《中华人民共和国网络安全法》（2016 年 11 月 7 日）

**第 8 条**　国家网信部门负责统筹协调网络安全工作和相关监督管理工作。国务院电信主管部门、公安部门和其他有关机关依照本法和有关法律、行政法规的规定，在各自职责范围内负责网络安全保护和监督管理工作。

县级以上地方人民政府有关部门的网络安全保护和监督管理职责，按照国家有关规定确定。

**第 15 条**　国家建立和完善网络安全标准体系。国务院标准化行政主管部门和国务院其他有关部门根据各自的职责，组织制定并适时修订有关网络安全管理以及网络产品、服务和运行安全的国家标准、行业标准。

国家支持企业、研究机构、高等学校、网络相关行业组织参与网络安全国家标准、行业标准的制定。

**第 17 条**　国家推进网络安全社会化服务体系建设，鼓励有关企业、机构开展网络安全认证、检测和风险评估等安全服务。

**第 24 条**　网络运营者为用户办理网络接入、域名注册服务，办理固定电话、移动电话等入网手续，或者为用户提供信息发布、即时通讯等服务，在与用户签订协议或者确认提供服务时，应当要求用户提供真实身份信息。用户不提供真实身份信息的，网络运营者不得为其提供相关服务。

国家实施网络可信身份战略，支持研究开发安全、方便的电子身份认证技术，推动不同电子身份认证之间的互认。

### 2.《中华人民共和国反洗钱法》（2006 年 10 月 31 日）

**第 16 条**　金融机构应当按照规定建立客户身份识别制度。

金融机构在与客户建立业务关系或者为客户提供规定金额以上的现金汇款、现钞兑换、票据兑付等一次性金融服务时，应当要求客户出示真实有效的身份证件或者其他身份证明文件，进行核对并登记。

客户由他人代理办理业务的，金融机构应当同时对代理人和被代理人的身份证件或者其他身份证明文件进行核对并登记。

与客户建立人身保险、信托等业务关系，合同的受益人不是客户本人的，金融机构还应当对受益人的身份证件或者其他身份证明文件进行核对并登记。

金融机构不得为身份不明的客户提供服务或者与其进行交易，不得为客户开立匿名账户或者假名账户。

金融机构对先前获得的客户身份资料的真实性、有效性或者完整性有疑问的，应当重新识别客户身份。

任何单位和个人在与金融机构建立业务关系或者要求金融机构为其提供一次性金融服务时，都应当提供真实有效的身份证件或者其他身份证明文件。

3. **《中华人民共和国反恐怖主义法》**（2018 年 4 月 27 日）

**第 21 条** 电信、互联网、金融、住宿、长途客运、机动车租赁等业务经营者、服务提供者，应当对客户身份进行查验。对身份不明或者拒绝身份查验的，不得提供服务。

4. **《全国人民代表大会常务委员会关于加强网络信息保护的决定》**（2012 年 12 月 28 日）

**六、**网络服务提供者为用户办理网站接入服务，办理固定电话、移动电话等入网手续，或者为用户提供信息发布服务，应当在与用户签订协议或者确认提供服务时，要求用户提供真实身份信息。

## ● *行政法规及文件*

5. **《中华人民共和国认证认可条例》**（2020 年 11 月 29 日）

**第 2 条** 本条例所称认证，是指由认证机构证明产品、服务、管理体系符合相关技术规范、相关技术规范的强制性要求或者标准的合格评定活动。

本条例所称认可，是指由认可机构对认证机构、检查机构、实验室以及从事评审、审核等认证活动人员的能力和执业资格，予以承认的合格评定活动。

**第 16 条** 国家根据经济和社会发展的需要，推行产品、服务、管理体系认证。

**第 17 条** 认证机构应当按照认证基本规范、认证规则从事认证活动。认证基本规范、认证规则由国务院认证认可监督管理部门制定；涉及国务院有关部门职责的，国务院认证认可监督管理部门应当会同国务院有关部门制定。

属于认证新领域，前款规定的部门尚未制定认证规则的，认证机构可以自行制定认证规则，并报国务院认证认可监督管理部门备案。

**第 22 条** 认证机构及其认证人员应当及时作出认证结论，并保证认证结论的客观、真实。认证结论经认证人员签字后，由认证机构负责人签署。

认证机构及其认证人员对认证结果负责。

**第 23 条** 认证结论为产品、服务、管理体系符合认证要求的，认证机构应当及时向委托人出具认证证书。

**第 24 条** 获得认证证书的，应当在认证范围内使用认证证书和认证标志，不得利用产品、服务认证证书、认证标志和相关文字、符号，误导公众认为其管理体系已通过认证，也不得利用管理体系认证证书、认证标志和相关文字、符号，误导公众认为其产品、服务已通过认证。

## 第六十三条 【履行职责的保护措施】

履行个人信息保护职责的部门履行个人信息保护职责，可以采取下列措施：

（一）询问有关当事人，调查与个人信息处理活动有关的情况；

（二）查阅、复制当事人与个人信息处理活动有关的合同、记录、账簿以及其他有关资料；

（三）实施现场检查，对涉嫌违法的个人信息处理活动进行调查；

（四）检查与个人信息处理活动有关的设备、物品；对有证据证明是用于违法个人信息处理活动的设备、物品，向本部门主要负责人书面报告并经批准，可以查封或者扣押。

履行个人信息保护职责的部门依法履行职责，当事人应当予以协助、配合，不得拒绝、阻挠。

## ● 宪　法

1.《中华人民共和国宪法》（2018 年 3 月 11 日）

**第 39 条**　中华人民共和国公民的住宅不受侵犯。禁止非法搜查或者非法侵入公民的住宅。

## ● 法　律

2.《中华人民共和国数据安全法》（2021 年 6 月 10 日）

**第 35 条**　公安机关、国家安全机关因依法维护国家安全或者侦查犯罪的需要调取数据，应当按照国家有关规定，经过严格的批准手续，依法进行，有关组织、个人应当予以配合。

3.《中华人民共和国刑事诉讼法》（2018 年 10 月 26 日）

**第 136 条**　为了收集犯罪证据、查获犯罪人，侦查人员可以对犯罪嫌疑人以及可能隐藏罪犯或者犯罪证据的人的身体、物品、住处和其他有关的地方进行搜查。

4.《中华人民共和国行政强制法》（2011 年 6 月 30 日）

**第 9 条**　行政强制措施的种类：

（一）限制公民人身自由；

（二）查封场所、设施或者财物；

（三）扣押财物；

（四）冻结存款、汇款；

（五）其他行政强制措施。

**第 18 条**　行政机关实施行政强制措施应当遵守下列规定：

（一）实施前须向行政机关负责人报告并经批准；

（二）由两名以上行政执法人员实施；

（三）出示执法身份证件；

（四）通知当事人到场；

（五）当场告知当事人采取行政强制措施的理由、依据以及当事人依法享有的权利、救济途径；

（六）听取当事人的陈述和申辩；

（七）制作现场笔录；

（八）现场笔录由当事人和行政执法人员签名或者盖章，当事人拒绝的，在笔录中予以注明；

（九）当事人不到场的，邀请见证人到场，由见证人和行政执法人员在现场笔录上签名或者盖章；

（十）法律、法规规定的其他程序。

5.**《中华人民共和国治安管理处罚法》**（2012 年 10 月 26 日）

**第 87 条** 公安机关对与违反治安管理行为有关的场所、物品、人身可以进行检查。检查时，人民警察不得少于二人，并应当出示工作证件和县级以上人民政府公安机关开具的检查证明文件。对确有必要立即进行检查的，人民警察经出示工作证件，可以当场检查，但检查公民住所应当出示县级以上人民政府公安机关开具的检查证明文件。

检查妇女的身体，应当由女性工作人员进行。

## 第六十四条 【约谈、合规审计】

履行个人信息保护职责的部门在履行职责中，发现个人信息处理活动存在较大风险或者发生个人信息安全事件的，可以按照规定的权限和程序对该个人信息处理者的法定代表人或者主要负责人进行约谈，或者要求个人信息处理者委托专业机构对其个人信息处理活动进行合规审计。个人信息处理者应当按照要求采取措施，进行整改，消除隐患。

履行个人信息保护职责的部门在履行职责中，发现违法处理个人信息涉嫌犯罪的，应当及时移送公安机关依法处理。

### ●法　律

1.**《中华人民共和国数据安全法》**（2021 年 6 月 10 日）

**第 44 条** 有关主管部门在履行数据安全监管职责中，发现数据处理活动存在较大安全风险的，可以按照规定的权限和程序对有关组织、个人进行约谈，并要求有关组织、个人采取措施进行整改，消除隐患。

2.**《中华人民共和国网络安全法》**（2016 年 11 月 7 日）

**第 56 条** 省级以上人民政府有关部门在履行网络安全监督管理职责中，

发现网络存在较大安全风险或者发生安全事件的，可以按照规定的权限和程序对该网络的运营者的法定代表人或者主要负责人进行约谈。网络运营者应当按照要求采取措施，进行整改，消除隐患。

3. **《中华人民共和国刑法》**（2020年12月26日）

**第253条之一** 违反国家有关规定，向他人出售或者提供公民个人信息，情节严重的，处三年以下有期徒刑或者拘役，并处或者单处罚金；情节特别严重的，处三年以上七年以下有期徒刑，并处罚金。

违反国家有关规定，将在履行职责或者提供服务过程中获得的公民个人信息，出售或者提供给他人的，依照前款的规定从重处罚。

窃取或者以其他方法非法获取公民个人信息的，依照第一款的规定处罚。

单位犯前三款罪的，对单位判处罚金，并对其直接负责的主管人员和其他直接责任人员，依照各该款的规定处罚。

## ● *行政法规及文件*

4. **《行政执法机关移送涉嫌犯罪案件的规定》**（2020年8月7日）

**第6条** 行政执法机关向公安机关移送涉嫌犯罪案件，应当附有下列材料：

（一）涉嫌犯罪案件移送书；

（二）涉嫌犯罪案件情况的调查报告；

（三）涉案物品清单；

（四）有关检验报告或者鉴定结论；

（五）其他有关涉嫌犯罪的材料。

**第7条** 公安机关对行政执法机关移送的涉嫌犯罪案件，应当在涉嫌犯罪案件移送书的回执上签字；其中，不属于本机关管辖的，应当在24小时内转送有管辖权的机关，并书面告知移送案件的行政执法机关。

**第8条** 公安机关应当自接受行政执法机关移送的涉嫌犯罪案件之日起3日内，依照刑法、刑事诉讼法以及最高人民法院、最高人民检察院关于立案标准和公安部关于公安机关办理刑事案件程序的规定，对所移送的案件进行审查。认为有犯罪事实，需要追究刑事责任，依法决定立案的，应当书面通知移送案件的行政执法机关；认为没有犯罪事实，或者犯罪事实显著轻微，不需要追究刑事责任，依法不予立案的，应当说明理由，并书面通知移送案件的行政执法机关，相应退回案卷材料。

**第9条** 行政执法机关接到公安机关不予立案的通知书后，认为依法应当由公安机关决定立案的，可以自接到不予立案通知书之日起3日内，提请作出不予立案决定的公安机关复议，也可以建议人民检察院依法进行立案监督。

作出不予立案决定的公安机关应当自收到行政执法机关提请复议的文件之日起3日内作出立案或者不予立案的决定，并书面通知移送案件的行政执法机关。移送案件的行政执法机关对公安机关不予立案的复议决定仍有异议的，应当自收到复议决定通知书之日起3日内建议人民检察院依法进行立案监督。

公安机关应当接受人民检察院依法进行的立案监督。

**第10条** 行政执法机关对公安机关决定不予立案的案件，应当依法作出处理；其中，依照有关法律、法规或者规章的规定应当给予行政处罚的，应当依法实施行政处罚。

**第11条** 行政执法机关对应当向公安机关移送的涉嫌犯罪案件，不得以行政处罚代替移送。

行政执法机关向公安机关移送涉嫌犯罪案件前已经作出的警告，责令停产停业，暂扣或者吊销许可证、暂扣或者吊销执照的行政处罚决定，不停止执行。

依照行政处罚法的规定，行政执法机关向公安机关移送涉嫌犯罪案件前，已经依法给予当事人罚款的，人民法院判处罚金时，依法折抵相应罚金。

**第12条** 行政执法机关对公安机关决定立案的案件，应当自接到立案通知书之日起3日内将涉案物品以及与案件有关的其他材料移交公安机关，并办结交接手续；法律、行政法规另有规定的，依照其规定。



## ● *部门规章及文件*

**5.《网络交易监督管理办法》**（2021年3月15日）

**第38条** 网络交易经营者未依法履行法定责任和义务，扰乱或者可能扰乱网络交易秩序，影响消费者合法权益的，市场监督管理部门可以依职责对其法定代表人或者主要负责人进行约谈，要求其采取措施进行整改。

## 第六十五条 【投诉、举报】

任何组织、个人有权对违法个人信息处理活动向履行个人信息保护职责的部门进行投诉、举报。收到投诉、举报的部门应当依法及时处理，并将处理结果告知投诉、举报人。

履行个人信息保护职责的部门应当公布接受投诉、举报的联系方式。

### ● 法 律

**1.《中华人民共和国网络安全法》**（2016年11月7日）

**第14条** 任何个人和组织有权对危害网络安全的行为向网信、电信、公安等部门举报。收到举报的部门应当及时依法作出处理；不属于本部门职责的，应当及时移送有权处理的部门。

有关部门应当对举报人的相关信息予以保密，保护举报人的合法权益。

**2.《中华人民共和国数据安全法》**（2021年6月10日）

**第12条** 任何个人、组织都有权对违反本法规定的行为向有关主管部门投诉、举报。收到投诉、举报的部门应当及时依法处理。

有关主管部门应当对投诉、举报人的相关信息予以保密，保护投诉、举报人的合法权益。

**3.《中华人民共和国电子商务法》**（2018年8月31日）

**第59条** 电子商务经营者应当建立便捷、有效的投诉、举报机制，公开投诉、举报方式等信息，及时受理并处理投诉、举报。

**4.《全国人民代表大会常务委员会关于加强网络信息保护的决定》**（2012年12月28日）

**九、**任何组织和个人对窃取或者以其他非法方式获取、出售或者非法向他人提供公民个人电子信息的违法犯罪行为以及其他网络信息违法犯罪行为，有权向有关主管部门举报、控告；接到举报、控告的部门应当依法及时处理。被侵权人可以依法提起诉讼。

● *行政法规及文件*

**5.《中华人民共和国政府信息公开条例》**（2019 年 4 月 3 日）

**第 51 条** 公民、法人或者其他组织认为行政机关在政府信息公开工作中侵犯其合法权益的，可以向上一级行政机关或者政府信息公开工作主管部门投诉、举报，也可以依法申请行政复议或者提起行政诉讼。

● *部门规章及文件*

**6.《电信和互联网用户个人信息保护规定》**（2013 年 7 月 16 日）

**第 12 条** 电信业务经营者、互联网信息服务提供者应当建立用户投诉处理机制，公布有效的联系方式，接受与用户个人信息保护有关的投诉，并自接到投诉之日起十五日内答复投诉人。

**7.《App 违法违规收集使用个人信息行为认定方法》**（2019 年 11 月 28 日）

六、以下行为可被认定为“未按法律规定提供删除或更正个人信息功能”或“未公布投诉、举报方式等信息”

1. 未提供有效的更正、删除个人信息及注销用户账号功能；

2. 为更正、删除个人信息或注销用户账号设置不必要或不合理条件；

3. 虽提供了更正、删除个人信息及注销用户账号功能，但未及时响应用户相应操作，需人工处理的，未在承诺时限内（承诺时限不得超过 15 个工作日，无承诺时限的，以 15 个工作日为限）完成核查和处理；

4. 更正、删除个人信息或注销用户账号等用户操作已执行完毕，但 App 后台并未完成的；

5. 未建立并公布个人信息安全投诉、举报渠道，或未在承诺时限内（承诺时限不得超过 15 个工作日，无承诺时限的，以 15 个工作日为限）受理并处理的。

# 第七章　法律责任

## 第六十六条　【行政处罚】

违反本法规定处理个人信息，或者处理个人信息未履行本法规定的个人信息保护义务的，由履行个人信息保护职责的部门责令改正，给予警告，没收违法所得，对违法处理个人信息的应用程序，责令暂停或者终止提供服务；拒不改正的，并处一百万元以下罚款；对直接负责的主管人员和其他直接责任人员处一万元以上十万元以下罚款。

有前款规定的违法行为，情节严重的，由省级以上履行个人信息保护职责的部门责令改正，没收违法所得，并处五千万元以下或者上一年度营业额百分之五以下罚款，并可以责令暂停相关业务或者停业整顿、通报有关主管部门吊销相关业务许可或者吊销营业执照；对直接负责的主管人员和其他直接责任人员处十万元以上一百万元以下罚款，并可以决定禁止其在一定期限内担任相关企业的董事、监事、高级管理人员和个人信息保护负责人。

### ● 法　律

1.《中华人民共和国网络安全法》（2016 年 11 月 7 日）

**第 64 条**　网络运营者、网络产品或者服务的提供者违反本法第二十二条第三款、第四十一条至第四十三条规定，侵害个人信息依法得到保护的权利的，由有关主管部门责令改正，可以根据情节单处或者并处警告、没收违法所得、处违法所得一倍以上十倍以下罚款，没有违法所得的，处一百万元以下罚款，对直接负责的主管人员和其他直接责任人员处一万元以上十万元以下罚款；情节严重的，并可以责令暂停相关业务、停业整顿、关闭网站、吊销相关业务许可证或者吊销营业执照。

违反本法第四十四条规定，窃取或者以其他非法方式获取、非法出售或者非法向他人提供个人信息，尚不构成犯罪的，由公安机关没收违法所得，并处违法所得一倍以上十倍以下罚款，没有违法所得的，处一百万元以下罚款。

2.**《中华人民共和国数据安全法》**（2021 年 6 月 10 日）

**第 27 条** 开展数据处理活动应当依照法律、法规的规定，建立健全全流程数据安全管理制度，组织开展数据安全教育培训，采取相应的技术措施和其他必要措施，保障数据安全。利用互联网等信息网络开展数据处理活动，应当在网络安全等级保护制度的基础上，履行上述数据安全保护义务。

重要数据的处理者应当明确数据安全负责人和管理机构，落实数据安全保护责任。

**第 29 条** 开展数据处理活动应当加强风险监测，发现数据安全缺陷、漏洞等风险时，应当立即采取补救措施；发生数据安全事件时，应当立即采取处置措施，按照规定及时告知用户并向有关主管部门报告。

**第 30 条** 重要数据的处理者应当按照规定对其数据处理活动定期开展风险评估，并向有关主管部门报送风险评估报告。

风险评估报告应当包括处理的重要数据的种类、数量，开展数据处理活动的情况，面临的数据安全风险及其应对措施等。

**第 45 条** 开展数据处理活动的组织、个人不履行本法第二十七条、第二十九条、第三十条规定的数据安全保护义务的，由有关主管部门责令改正，给予警告，可以并处五万元以上五十万元以下罚款，对直接负责的主管人员和其他直接责任人员可以处一万元以上十万元以下罚款；拒不改正或者造成大量数据泄露等严重后果的，处五十万元以上二百万元以下罚款，并可以责令暂停相关业务、停业整顿、吊销相关业务许可证或者吊销营业执照，对直接负责的主管人员和其他直接责任人员处五万元以上二十万元以下罚款。

违反国家核心数据管理制度，危害国家主权、安全和发展利益的，由有关主管部门处二百万元以上一千万元以下罚款，并根据情况责令暂停相关业务、停业整顿、吊销相关业务许可证或者吊销营业执照；构成犯罪的，依法追究刑事责任。

3.**《中华人民共和国未成年人保护法》**（2020 年 10 月 17 日）

**第 127 条** 信息处理者违反本法第七十二条规定，或者网络产品和服务提供者违反本法第七十三条、第七十四条、第七十五条、第七十六条、第七十七条、第八十条规定的，由公安、网信、电信、新闻出版、广播电视、文化和旅游等有关部门按照职责分工责令改正，给予警告，没收违法所得，违法所得一百万元以上的，并处违法所得一倍以上十倍以下罚款，没有违法所得或者违法所得不足一百万元的，并处十万元以上一百万元以下罚款，对直接负责的主管人员和其他责任人员处一万元以上十万元以下罚款；拒不改正或者情节严重的，并可以责令暂停相关业务、停业整顿、关闭网站、吊销营业执照或者吊销相关许可证。

**4.《中华人民共和国电子商务法》**（2018 年 8 月 31 日）

**第 30 条** 电子商务平台经营者应当采取技术措施和其他必要措施保证其网络安全、稳定运行，防范网络违法犯罪活动，有效应对网络安全事件，保障电子商务交易安全。

电子商务平台经营者应当制定网络安全事件应急预案，发生网络安全事件时，应当立即启动应急预案，采取相应的补救措施，并向有关主管部门报告。

**第 79 条** 电子商务经营者违反法律、行政法规有关个人信息保护的规定，或者不履行本法第三十条和有关法律、行政法规规定的网络安全保障义务的，依照《中华人民共和国网络安全法》等法律、行政法规的规定处罚。

### ● 部门规章及文件

**5.《电信和互联网用户个人信息保护规定》**（2013 年 7 月 16 日）

**第 23 条** 电信业务经营者、互联网信息服务提供者违反本规定第九条至第十一条、第十三条至第十六条、第十七条第二款规定的，由电信管理机构依据职权责令限期改正，予以警告，可以并处一万元以上三万元以下的罚款，向社会公告；构成犯罪的，依法追究刑事责任。

## 第六十七条 【信用档案制度】

有本法规定的违法行为的，依照有关法律、行政法规的规定记入信用档案，并予以公示。

## ● 法 律

**1.《中华人民共和国网络安全法》**（2016 年 11 月 7 日）

**第 71 条** 有本法规定的违法行为的，依照有关法律、行政法规的规定记入信用档案，并予以公示。

**2.《中华人民共和国电子商务法》**（2018 年 8 月 31 日）

**第 86 条** 电子商务经营者有本法规定的违法行为的，依照有关法律、行政法规的规定记入信用档案，并予以公示。

**3.《中华人民共和国消费者权益保护法》**（2013 年 10 月 25 日）

**第 56 条** 经营者有下列情形之一，除承担相应的民事责任外，其他有关法律、法规对处罚机关和处罚方式有规定的，依照法律、法规的规定执行；法律、法规未作规定的，由工商行政管理部门或者其他有关行政部门责令改正，可以根据情节单处或者并处警告、没收违法所得、处以违法所得一倍以上十倍以下的罚款，没有违法所得的，处以五十万元以下的罚款；情节严重的，责令停业整顿、吊销营业执照：

（一）提供的商品或者服务不符合保障人身、财产安全要求的；

（二）在商品中掺杂、掺假，以假充真，以次充好，或者以不合格商品冒充合格商品的；

（三）生产国家明令淘汰的商品或者销售失效、变质的商品的；

（四）伪造商品的产地，伪造或者冒用他人的厂名、厂址，篡改生产日期，伪造或者冒用认证标志等质量标志的；

（五）销售的商品应当检验、检疫而未检验、检疫或者伪造检验、检疫结果的；

（六）对商品或者服务作虚假或者引人误解的宣传的；

（七）拒绝或者拖延有关行政部门责令对缺陷商品或者服务采取停止销售、警示、召回、无害化处理、销毁、停止生产或者服务等措施的；

（八）对消费者提出的修理、重作、更换、退货、补足商品数量、退还货款和服务费用或者赔偿损失的要求，故意拖延或者无理拒绝的；

（九）侵害消费者人格尊严、侵犯消费者人身自由或者侵害消费者个人信息依法得到保护的权利的；

（十）法律、法规规定的对损害消费者权益应当予以处罚的其他情形。

经营者有前款规定情形的，除依照法律、法规规定予以处罚外，处罚机关应当记入信用档案，向社会公布。

4.**《中华人民共和国反不正当竞争法》**（2019 年 4 月 23 日）

**第 26 条** 经营者违反本法规定从事不正当竞争，受到行政处罚的，由监督检查部门记入信用记录，并依照有关法律、行政法规的规定予以公示。

5.**《全国人民代表大会常务委员会关于加强网络信息保护的决定》**（2012 年 12 月 28 日）

**十一**、对有违反本决定行为的，依法给予警告、罚款、没收违法所得、吊销许可证或者取消备案、关闭网站、禁止有关责任人员从事网络服务业务等处罚，记入社会信用档案并予以公布；构成违反治安管理行为的，依法给予治安管理处罚。构成犯罪的，依法追究刑事责任。侵害他人民事权益的，依法承担民事责任。

● ***部门规章及文件***

6.**《电信和互联网用户个人信息保护规定》**（2013 年 7 月 16 日）

**第 20 条** 电信管理机构应当将电信业务经营者、互联网信息服务提供者违反本规定的行为记入其社会信用档案并予以公布。

7.**《市场监督管理严重违法失信名单管理办法》**（2021 年 7 月 30 日）

**第 8 条** 实施下列侵害消费者权益的违法行为，且属于本办法第二条规定情形的，列入严重违法失信名单：

（一）侵害消费者人格尊严、个人信息依法得到保护等权利；

（二）预收费用后为逃避或者拒绝履行义务，关门停业或者迁移服务场所，未按照约定提供商品或者服务，且被市场监督管理部门确认为无法取得联系；

（三）制造、销售、使用以欺骗消费者为目的的计量器具；抄袭、串通、篡改计量比对数据，伪造数据、出具虚假计量校准证书或者报告，侵害消费者权益；

（四）经责令召回仍拒绝或者拖延实施缺陷产品召回；

（五）其他违反法律、行政法规规定，严重侵害消费者权益的违法行为。

**第六十八条　【国家机关不履行个人信息保护义务的法律责任】**

国家机关不履行本法规定的个人信息保护义务的，由其上级机关或者履行个人信息保护职责的部门责令改正；对直接负责的主管人员和其他直接责任人员依法给予处分。

履行个人信息保护职责的部门的工作人员玩忽职守、滥用职权、徇私舞弊，尚不构成犯罪的，依法给予处分。

## ● 法　律

1. **《中华人民共和国数据安全法》**（2021 年 6 月 10 日）

**第 49 条**　国家机关不履行本法规定的数据安全保护义务的，对直接负责的主管人员和其他直接责任人员依法给予处分。

**第 50 条**　履行数据安全监管职责的国家工作人员玩忽职守、滥用职权、徇私舞弊的，依法给予处分。

2. **《中华人民共和国网络安全法》**（2016 年 11 月 7 日）

**第 45 条**　依法负有网络安全监督管理职责的部门及其工作人员，必须对在履行职责中知悉的个人信息、隐私和商业秘密严格保密，不得泄露、出售或者非法向他人提供。

**第 72 条**　国家机关政务网络的运营者不履行本法规定的网络安全保护义务的，由其上级机关或者有关机关责令改正；对直接负责的主管人员和其他直接责任人员依法给予处分。

**第 73 条**　网信部门和有关部门违反本法第三十条规定，将在履行网络安全保护职责中获取的信息用于其他用途的，对直接负责的主管人员和其他直接责任人员依法给予处分。

网信部门和有关部门的工作人员玩忽职守、滥用职权、徇私舞弊，尚不构成犯罪的，依法给予处分。

3. **《中华人民共和国电子商务法》**（2018 年 8 月 31 日）

**第 25 条**　有关主管部门依照法律、行政法规的规定要求电子商务经营者提供有关电子商务数据信息的，电子商务经营者应当提供。有关主管部门应当采取必要措施保护电子商务经营者提供的数据信息的安全，并对其中的个人信息、隐私和商业秘密严格保密，不得泄露、出售或者非法向他人提供。

**第 87 条** 依法负有电子商务监督管理职责的部门的工作人员，玩忽职守、滥用职权、徇私舞弊，或者泄露、出售、或者非法向他人提供在履行职责中所知悉的个人信息、隐私和商业秘密的，依法追究法律责任。

4. **《中华人民共和国公务员法》**（2018 年 12 月 29 日）

**第 61 条** 公务员因违纪违法应当承担纪律责任的，依照本法给予处分或者由监察机关依法给予政务处分；违纪违法行为情节轻微，经批评教育后改正的，可以免予处分。

对同一违纪违法行为，监察机关已经作出政务处分决定的，公务员所在机关不再给予处分。

5. **《中华人民共和国监察法》**（2018 年 3 月 20 日）

**第 45 条** 监察机关根据监督、调查结果，依法作出如下处置：

（一）对有职务违法行为但情节较轻的公职人员，按照管理权限，直接或者委托有关机关、人员，进行谈话提醒、批评教育、责令检查，或者予以诫勉；

（二）对违法的公职人员依照法定程序作出警告、记过、记大过、降级、撤职、开除等政务处分决定；

（三）对不履行或者不正确履行职责负有责任的领导人员，按照管理权限对其直接作出问责决定，或者向有权作出问责决定的机关提出问责建议；

（四）对涉嫌职务犯罪的，监察机关经调查认为犯罪事实清楚，证据确实、充分的，制作起诉意见书，连同案卷材料、证据一并移送人民检察院依法审查、提起公诉；

（五）对监察对象所在单位廉政建设和履行职责存在的问题等提出监察建议。

监察机关经调查，对没有证据证明被调查人存在违法犯罪行为的，应当撤销案件，并通知被调查人所在单位。

6. **《全国人民代表大会常务委员会关于加强网络信息保护的决定》**（2012 年 12 月 28 日）

**十、**有关主管部门应当在各自职权范围内依法履行职责，采取技术措施和其他必要措施，防范、制止和查处窃取或者以其他非法方式获取、出售或者非法向他人提供公民个人电子信息的违法犯罪行为以及其他网络信息违法犯罪行为。有关主管部门依法履行职责时，网络服务提供者应当予以配合，提供技术支持。

国家机关及其工作人员对在履行职责中知悉的公民个人电子信息应当予以保密，不得泄露、篡改、毁损，不得出售或者非法向他人提供。

● ***部门规章及文件***

7. **《电信和互联网用户个人信息保护规定》**（2013 年 7 月 16 日）

**第 24 条** 电信管理机构工作人员在对用户个人信息保护工作实施监督管理的过程中玩忽职守、滥用职权、徇私舞弊的，依法给予处理；构成犯罪的，依法追究刑事责任。

## 第六十九条 【民事责任】

**处理个人信息侵害个人信息权益造成损害，个人信息处理者不能证明自己没有过错的，应当承担损害赔偿等侵权责任。**

**前款规定的损害赔偿责任按照个人因此受到的损失或者个人信息处理者因此获得的利益确定；个人因此受到的损失和个人信息处理者因此获得的利益难以确定的，根据实际情况确定赔偿数额。**

● ***法 律***

1. **《中华人民共和国数据安全法》**（2021 年 6 月 10 日）

**第 52 条** 违反本法规定，给他人造成损害的，依法承担民事责任。

违反本法规定，构成违反治安管理行为的，依法给予治安管理处罚；构成犯罪的，依法追究刑事责任。

2. **《中华人民共和国民法典》**（2020 年 5 月 28 日）

**第 179 条** 承担民事责任的方式主要有：

（一）停止侵害；

（二）排除妨碍；

（三）消除危险；

（四）返还财产；

（五）恢复原状；

（六）修理、重作、更换；

（七）继续履行；

（八）赔偿损失；

（九）支付违约金；

（十）消除影响、恢复名誉；

（十一）赔礼道歉。

法律规定惩罚性赔偿的，依照其规定。

本条规定的承担民事责任的方式，可以单独适用，也可以合并适用。

**第998条** 认定行为人承担侵害除生命权、身体权和健康权外的人格权的民事责任，应当考虑行为人和受害人的职业、影响范围、过错程度，以及行为的目的、方式、后果等因素。

**第999条** 为公共利益实施新闻报道、舆论监督等行为的，可以合理使用民事主体的姓名、名称、肖像、个人信息等；使用不合理侵害民事主体人格权的，应当依法承担民事责任。

**第1165条** 行为人因过错侵害他人民事权益造成损害的，应当承担侵权责任。

依照法律规定推定行为人有过错，其不能证明自己没有过错的，应当承担侵权责任。

**第1166条** 行为人造成他人民事权益损害，不论行为人有无过错，法律规定应当承担侵权责任的，依照其规定。

**第1182条** 侵害他人人身权益造成财产损失的，按照被侵权人因此受到的损失或者侵权人因此获得的利益赔偿；被侵权人因此受到的损失以及侵权人因此获得的利益难以确定，被侵权人和侵权人就赔偿数额协商不一致，向人民法院提起诉讼的，由人民法院根据实际情况确定赔偿数额。

● *司法解释及文件*

**3.《最高人民法院关于审理使用人脸识别技术处理个人信息相关民事案件适用法律若干问题的规定》**（2021年7月27日）

**第6条** 当事人请求信息处理者承担民事责任的，人民法院应当依据民事诉讼法第六十四条及《最高人民法院关于适用〈中华人民共和国民事诉讼法〉的解释》第九十条、第九十一条，《最高人民法院关于民事诉讼证据的若干规定》的相关规定确定双方当事人的举证责任。

信息处理者主张其行为符合民法典第一千零三十五条第一款规定情形的，应当就此所依据的事实承担举证责任。

信息处理者主张其不承担民事责任的，应当就其行为符合本规定第五条规定的情形承担举证责任。

**第7条** 多个信息处理者处理人脸信息侵害自然人人格权益，该自然人主张多个信息处理者按照过错程度和造成损害结果的大小承担侵权责任的，人民法院依法予以支持；符合民法典第一千一百六十八条、第一千一百六十九条第一款、第一千一百七十条、第一千一百七十一条等规定的相应情形，该自然人主张多个信息处理者承担连带责任的，人民法院依法予以支持。

信息处理者利用网络服务处理人脸信息侵害自然人人格权益的，适用民法典第一千一百九十五条、第一千一百九十六条、第一千一百九十七条等规定。

**第8条** 信息处理者处理人脸信息侵害自然人人格权益造成财产损失，该自然人依据民法典第一千一百八十二条主张财产损害赔偿的，人民法院依法予以支持。

自然人为制止侵权行为所支付的合理开支，可以认定为民法典第一千一百八十二条规定的财产损失。合理开支包括该自然人或者委托代理人对侵权行为进行调查、取证的合理费用。人民法院根据当事人的请求和具体案情，可以将合理的律师费用计算在赔偿范围内。

**第9条** 自然人有证据证明信息处理者使用人脸识别技术正在实施或者即将实施侵害其隐私权或者其他人格权益的行为，不及时制止将使其合法权益受到难以弥补的损害，向人民法院申请采取责令信息处理者停止有关行为的措施的，人民法院可以根据案件具体情况依法作出人格权侵害禁令。

### 4.《最高人民法院关于审理利用信息网络侵害人身权益民事纠纷案件适用法律若干问题的规定》（2020年12月29日）

**第12条** 被侵权人为制止侵权行为所支付的合理开支，可以认定为民法典第一千一百八十二条规定的财产损失。合理开支包括被侵权人或者委托代理人对侵权行为进行调查、取证的合理费用。人民法院根据当事人的请求和具体案情，可以将符合国家有关部门规定的律师费用计算在赔偿范围内。

被侵权人因人身权益受侵害造成的财产损失以及侵权人因此获得的利益

难以确定的，人民法院可以根据具体案情在50万元以下的范围内确定赔偿数额。

## 第七十条 【个人信息侵害的公益诉讼】

个人信息处理者违反本法规定处理个人信息，侵害众多个人的权益的，人民检察院、法律规定的消费者组织和由国家网信部门确定的组织可以依法向人民法院提起诉讼。

### ● 法 律

1. **《中华人民共和国民事诉讼法》**（2017年6月27日）

**第55条** 对污染环境、侵害众多消费者合法权益等损害社会公共利益的行为，法律规定的机关和有关组织可以向人民法院提起诉讼。

人民检察院在履行职责中发现破坏生态环境和资源保护、食品药品安全领域侵害众多消费者合法权益等损害社会公共利益的行为，在没有前款规定的机关和组织或者前款规定的机关和组织不提起诉讼的情况下，可以向人民法院提起诉讼。前款规定的机关或者组织提起诉讼的，人民检察院可以支持起诉。

2. **《中华人民共和国英雄烈士保护法》**（2018年4月27日）

**第25条** 对侵害英雄烈士的姓名、肖像、名誉、荣誉的行为，英雄烈士的近亲属可以依法向人民法院提起诉讼。

英雄烈士没有近亲属或者近亲属不提起诉讼的，检察机关依法对侵害英雄烈士的姓名、肖像、名誉、荣誉，损害社会公共利益的行为向人民法院提起诉讼。

负责英雄烈士保护工作的部门和其他有关部门在履行职责过程中发现第一款规定的行为，需要检察机关提起诉讼的，应当向检察机关报告。

英雄烈士近亲属依照第一款规定提起诉讼的，法律援助机构应当依法提供法律援助服务。

3. **《中华人民共和国消费者权益保护法》**（2013年10月25日）

**第47条** 对侵害众多消费者合法权益的行为，中国消费者协会以及在省、自治区、直辖市设立的消费者协会，可以向人民法院提起诉讼。

● *司法解释及文件*

**4.《最高人民法院关于审理使用人脸识别技术处理个人信息相关民事案件适用法律若干问题的规定》**（2021年7月27日）

**第14条** 信息处理者处理人脸信息的行为符合民事诉讼法第五十五条、消费者权益保护法第四十七条或者其他法律关于民事公益诉讼的相关规定，法律规定的机关和有关组织提起民事公益诉讼的，人民法院应予受理。

● *案例指引*

**1. 检察院督促整治手机APP侵害公民个人信息行政公益诉讼案**（2021年最高人民检察院发布检察机关个人信息保护公益诉讼典型案例之一）①

**案例要旨：**针对手机App等互联网软件侵害公民个人信息损害社会公共利益的情形，检察机关督促行政机关依法履职。

**2. 检察院督促保护就诊者个人信息行政公益诉讼案**（2021年最高人民检察院发布检察机关个人信息保护公益诉讼典型案例之二）

**案例要旨：**针对非法获取就诊者个人信息用于商业营销的市场乱象，检察机关督促行政机关依法履职，加强类案监督，完善社会治理，构建长效机制，形成个人信息保护合力。

**3. 检察院督促整治快递单泄露公民个人信息行政公益诉讼案**（2021年最高人民检察院发布检察机关个人信息保护公益诉讼典型案例之三）

**案例要旨：**针对快递单直接显示用户个人信息的安全隐患，检察机关督促行政机关加强快递收发前端和末端的监管，避免个人信息泄露风险。

**4. 检察院督促保护学生个人信息行政公益诉讼案**（2021年最高人民检察院发布检察机关个人信息保护公益诉讼典型案例之四）

**案例要旨：**针对校外培训机构非法获取学生个人信息用于营销招生、侵害学生合法权益的行为，检察机关通过诉前磋商和检察建议等方式督促教育行政部门依法履职，保护学生个人信息安全。

① 参见最高人民检察院网上发布厅，https://www.spp.gov.cn/spp/xwfbh/wsfbt/202104/t20210422_516357.shtml#2。由于篇幅所限，此次发布的典型案例只收录“要旨”部分，读者可自行查阅案例详情。

5. **检察院督促规范政府信息公开行政公益诉讼案**（2021 年最高人民检察院发布检察机关个人信息保护公益诉讼典型案例之五）

**案例要旨**：针对行政机关在履行政府信息公开职能时泄露不应公开的公民个人信息的情形，检察机关通过制发诉前检察建议，依法督促行政机关履职整改，保护公民个人信息安全。

6. **检察院督促整治装饰装修行业泄露公民个人信息行政公益诉讼案**（2021 年最高人民检察院发布检察机关个人信息保护公益诉讼典型案例之六）

**案例要旨**：针对房地产及装饰装修等行业泄露消费者个人信息、导致大量骚扰电话短信推销的行为，检察机关通过诉前检察建议督促有关部门依法履行监管职责，推动行业治理，切实加强公民个人信息保护。

7. **某网络科技有限公司侵害公民个人信息民事公益诉讼案**（2021 年最高人民检察院发布检察机关个人信息保护公益诉讼典型案例之七）

**案例要旨**：针对 App 违法违规收集、存储个人信息的侵权行为，检察机关在通过行政公益诉讼督促行政机关依法履职的同时，还可以对 App 服务提供者的侵权行为依法提起民事公益诉讼，要求侵权者承担侵权责任，多维度保护众多不特定用户的合法权益。

8. **李某侵害消费者个人信息和权益民事公益诉讼案**（2021 年最高人民检察院发布检察机关个人信息保护公益诉讼典型案例之八）

**案例要旨**：针对非法获取消费者个人信息并进行消费欺诈的行为，检察机关提出惩罚性赔偿诉讼请求，加大侵害消费者个人信息和权益的惩治力度，维护消费者个人信息安全和合法权益。

9. **H 科技有限公司、韩某某等侵犯公民个人信息刑事附带民事公益诉讼案**（2021 年最高人民检察院发布检察机关个人信息保护公益诉讼典型案例之九）

**案例要旨**：针对网络服务提供者、网络用户利用互联网侵犯公民个人信息的犯罪行为，网络运营者未依法履行其社会管理职责的情形，检察机关在提起刑事附带民事公益诉讼时，可以依法追加其为附带民事公益诉讼被告，要求其承担侵权责任。

**10. 熊某某等侵犯公民个人信息刑事附带民事公益诉讼案**（2021年最高人民检察院发布检察机关个人信息保护公益诉讼典型案例之十）

**案例要旨：**针对在互联网上非法获取、出售公民个人信息，损害社会公共利益的行为，检察机关在依法追究违法行为人刑事责任的同时，依法提起刑事附带民事公益诉讼，要求其支付赔偿金并公开赔礼道歉。

**11. 谭某某等侵犯公民个人信息刑事附带民事公益诉讼案**（2021年最高人民检察院发布检察机关个人信息保护公益诉讼典型案例之十一）

**案例要旨：**检察机关以侵犯公民个人信息刑事附带民事公益诉讼为切入点，通过诉讼判决被告承担停止侵害、消除危险等侵权责任，并督促行政主管部门全面依法履职，以案为鉴推动行业规范治理，全方位保护公民个人信息安全。

## 第七十一条 【治安管理处罚和刑事责任】

违反本法规定，构成违反治安管理行为的，依法给予治安管理处罚；构成犯罪的，依法追究刑事责任。

### ● 法　律

**1.《中华人民共和国网络安全法》**（2016年11月7日）

**第74条**　违反本法规定，给他人造成损害的，依法承担民事责任。

违反本法规定，构成违反治安管理行为的，依法给予治安管理处罚；构成犯罪的，依法追究刑事责任。

**2.《中华人民共和国数据安全法》**（2021年6月10日）

**第52条**　违反本法规定，给他人造成损害的，依法承担民事责任。

违反本法规定，构成违反治安管理行为的，依法给予治安管理处罚；构成犯罪的，依法追究刑事责任。

**3.《中华人民共和国电子商务法》**（2018年8月31日）

**第88条**　违反本法规定，构成违反治安管理行为的，依法给予治安管理处罚；构成犯罪的，依法追究刑事责任。

4.《**中华人民共和国治安管理处罚法**》（2012 年 10 月 26 日）

**第 29 条** 有下列行为之一的，处五日以下拘留；情节较重的，处五日以上十日以下拘留：

（一）违反国家规定，侵入计算机信息系统，造成危害的；

（二）违反国家规定，对计算机信息系统功能进行删除、修改、增加、干扰，造成计算机信息系统不能正常运行的；

（三）违反国家规定，对计算机信息系统中存储、处理、传输的数据和应用程序进行删除、修改、增加的；

（四）故意制作、传播计算机病毒等破坏性程序，影响计算机信息系统正常运行的。

5.《**中华人民共和国刑法**》（2020 年 12 月 26 日）

**第 253 条之一** 违反国家有关规定，向他人出售或者提供公民个人信息，情节严重的，处三年以下有期徒刑或者拘役，并处或者单处罚金；情节特别严重的，处三年以上七年以下有期徒刑，并处罚金。

违反国家有关规定，将在履行职责或者提供服务过程中获得的公民个人信息，出售或者提供给他人的，依照前款的规定从重处罚。

窃取或者以其他方法非法获取公民个人信息的，依照第一款的规定处罚。

单位犯前三款罪的，对单位判处罚金，并对其直接负责的主管人员和其他直接责任人员，依照各该款的规定处罚。

● *司法解释及文件*

6.《**最高人民法院、最高人民检察院关于办理侵犯公民个人信息刑事案件适用法律若干问题的解释**》（2017 年 5 月 8 日）

**第 1 条** 刑法第二百五十三条之一规定的“公民个人信息”，是指以电子或者其他方式记录的能够单独或者与其他信息结合识别特定自然人身份或者反映特定自然人活动情况的各种信息，包括姓名、身份证件号码、通信通讯联系方式、住址、账号密码、财产状况、行踪轨迹等。

**第 2 条** 违反法律、行政法规、部门规章有关公民个人信息保护的规定的，应当认定为刑法第二百五十三条之一规定的“违反国家有关规定”。

**第 3 条** 向特定人提供公民个人信息，以及通过信息网络或者其他途径发布公民个人信息的，应当认定为刑法第二百五十三条之一规定的“提供公民个人信息”。

未经被收集者同意，将合法收集的公民个人信息向他人提供的，属于刑法第二百五十三条之一规定的“提供公民个人信息”，但是经过处理无法识别特定个人且不能复原的除外。

**第4条** 违反国家有关规定，通过购买、收受、交换等方式获取公民个人信息，或者在履行职责、提供服务过程中收集公民个人信息的，属于刑法第二百五十三条之一第三款规定的“以其他方法非法获取公民个人信息”。

**第5条** 非法获取、出售或者提供公民个人信息，具有下列情形之一的，应当认定为刑法第二百五十三条之一规定的“情节严重”：

（一）出售或者提供行踪轨迹信息，被他人用于犯罪的；

（二）知道或者应当知道他人利用公民个人信息实施犯罪，向其出售或者提供的；

（三）非法获取、出售或者提供行踪轨迹信息、通信内容、征信信息、财产信息五十条以上的；

（四）非法获取、出售或者提供住宿信息、通信记录、健康生理信息、交易信息等其他可能影响人身、财产安全的公民个人信息五百条以上的；

（五）非法获取、出售或者提供第三项、第四项规定以外的公民个人信息五千条以上的；

（六）数量未达到第三项至第五项规定标准，但是按相应比例合计达到有关数量标准的；

（七）违法所得五千元以上的；

（八）将在履行职责或者提供服务过程中获得的公民个人信息出售或者提供给他人，数量或者数额达到第三项至第七项规定标准一半以上的；

（九）曾因侵犯公民个人信息受过刑事处罚或者二年内受过行政处罚，又非法获取、出售或者提供公民个人信息的；

（十）其他情节严重的情形。

实施前款规定的行为，具有下列情形之一的，应当认定为刑法第二百五十三条之一第一款规定的“情节特别严重”：

（一）造成被害人死亡、重伤、精神失常或者被绑架等严重后果的；

（二）造成重大经济损失或者恶劣社会影响的；

（三）数量或者数额达到前款第三项至第八项规定标准十倍以上的；

（四）其他情节特别严重的情形。

**第6条** 为合法经营活动而非法购买、收受本解释第五条第一款第三项、第四项规定以外的公民个人信息，具有下列情形之一的，应当认定为刑法第二百五十三条之一规定的“情节严重”：

（一）利用非法购买、收受的公民个人信息获利五万元以上的；

（二）曾因侵犯公民个人信息受过刑事处罚或者二年内受过行政处罚，又非法购买、收受公民个人信息的；

（三）其他情节严重的情形。

实施前款规定的行为，将购买、收受的公民个人信息非法出售或者提供的，定罪量刑标准适用本解释第五条的规定。

**第7条** 单位犯刑法第二百五十三条之一规定之罪的，依照本解释规定的相应自然人犯罪的定罪量刑标准，对直接负责的主管人员和其他直接责任人员定罪处罚，并对单位判处罚金。

**第8条** 设立用于实施非法获取、出售或者提供公民个人信息违法犯罪活动的网站、通讯群组，情节严重的，应当依照刑法第二百八十七条之一的规定，以非法利用信息网络罪定罪处罚；同时构成侵犯公民个人信息罪的，依照侵犯公民个人信息罪定罪处罚。

**第9条** 网络服务提供者拒不履行法律、行政法规规定的信息网络安全管理义务，经监管部门责令采取改正措施而拒不改正，致使用户的公民个人信息泄露，造成严重后果的，应当依照刑法第二百八十六条之一的规定，以拒不履行信息网络安全管理义务罪定罪处罚。

**第10条** 实施侵犯公民个人信息犯罪，不属于“情节特别严重”，行为人系初犯，全部退赃，并确有悔罪表现的，可以认定为情节轻微，不起诉或者免予刑事处罚；确有必要判处刑罚的，应当从宽处罚。

**第11条** 非法获取公民个人信息后又出售或者提供的，公民个人信息的条数不重复计算。

向不同单位或者个人分别出售、提供同一公民个人信息的，公民个人信息的条数累计计算。

对批量公民个人信息的条数，根据查获的数量直接认定，但是有证据证明信息不真实或者重复的除外。

**第12条** 对于侵犯公民个人信息犯罪，应当综合考虑犯罪的危害程度、犯罪的违法所得数额以及被告人的前科情况、认罪悔罪态度等，依法判处罚金。罚金数额一般在违法所得的一倍以上五倍以下。

**第13条** 本解释自2017年6月1日起施行。

● ***案例指引***

**1. 林某等侵犯公民个人信息案**（2020年公安部公布十起侵犯公民个人信息违法犯罪典型案件之一）①

**案情摘要：**2019年年初，林某结识某公司安全工程师贺某，林某以40万元的价格从贺某处购得银行开户、手机卡注册等各类公民个人信息350余万条，并通过“暗网”销售给经营期货交易平台、推销POS机的费某、王某等人，非法牟利70余万元。南通公安机关先后在上海、苏州、武汉等地抓获犯罪嫌疑人林某、费某等犯罪嫌疑人11名，查获公民个人信息2000余万条。

**2. 任某等侵犯公民个人信息案**（2020年公安部公布十起侵犯公民个人信息违法犯罪典型案件之二）

**案情摘要：**任某为江苏某计算机技术有限公司工程师，在为南京市某单位进行信息系统漏洞测试时，利用系统漏洞盗取了居民社保数据，后伙同在柬埔寨的违法犯罪人员熊某在“暗网”上销售。其中，熊某将7万条数据卖给了薛某。5月16日，南京公安机关在柬埔寨警方配合下抓获犯罪嫌疑人熊某，后在境内抓获犯罪嫌疑人任某、薛某。

**3. 吴某侵犯公民个人信息案**（2020年公安部公布十起侵犯公民个人信息违法犯罪典型案件之三）

**案情摘要：**2018年11月，湖北武汉公安机关接到报案，称某汽车金融服务平台服务器被黑客入侵，包括身份证、手机号、家庭住址等情况在内的

---

① 参见中华人民共和国中央人民政府网，http：//www.gov.cn/xinwen/2020－04/16/content_5502912.htm。由于篇幅所限，此次发布的典型案例经编者编辑和删减，下文不再提示。

30余万条客户信息被盗取，被人以1比特币（时值3.5万元人民币）的价格在“暗网”上出售。2019年1月22日在四川成都抓获犯罪嫌疑人吴某。吴某交代其利用暴力破解手段非法获取涉案网站后台管理权限，盗取大量公民个人信息在“暗网”叫卖。

**4. 高某侵犯公民个人信息案**（2020年公安部公布十起侵犯公民个人信息违法犯罪典型案件之四）

**案情摘要：**2019年6月，北京市公安局网安部门工作发现，某网民在“暗网”贩卖国内某银行6.02万条用户个人信息。最终锁定犯罪嫌疑人高某。高某交代其利用网站漏洞非法窃取了某银行等单位网站上存储的公民个人信息，截至被抓获，非法牟利3万余元。

**5. 江苏“12·21”侵犯公民个人信息案**（2020年公安部公布十起侵犯公民个人信息违法犯罪典型案件之五）

**案情摘要：**2018年12月，江苏省徐州市公安局网安部门工作发现，一网民在网上购买他人名下手机号码等公民个人信息。以此入手，挖掘出一个以电信运营商、银行内部员工为源头的买卖公民个人手机信息、征信信息等信息的犯罪网络。2019年1月2日，徐州公安机关组成23个抓捕组，分赴20余个省市开展集中收网行动，先后抓获嫌疑人45名，其中电信运营商、银行等部门内部人员20余名，查获各类公民个人信息43万余条，冻结涉案资金120余万元。

**6. 赵某等侵犯公民个人信息案**（2020年公安部公布十起侵犯公民个人信息违法犯罪典型案件之六）

**案情摘要：**2018年12月，某网民通过微信群大肆贩卖手机机主姓名、财产信息、个人户籍资料等公民个人信息。公安机关侦查掌握了一个由多部门“内鬼”与外部人员勾结，层层倒卖公民个人信息至下游电信网络诈骗、暴力催债、网络赌博等违法犯罪人员的侵犯公民个人信息犯罪网络。先后抓获犯罪嫌疑人200余名，其中，电信运营商、社区干部、物流行业等内部人员80余名、暴力催收人员50余名，打掉非法暴力催收公司2个，查获公民个人信息1亿余条，冻结涉案资金1000余万元。

**7. 徐某等公民个人信息被侵犯案**（2020年公安部公布十起侵犯公民个人信息违法犯罪典型案件之七）

**案情摘要：**济南某区联通公司某高校网点负责人葛某与其他高校网点业务员勾结，利用工作便利非法收集学生身份信息，开设实名手机卡后，向下游网络账号注册商、手机卡倒卖商刘某等人销售。刘某等人在销售手机卡的同时，使用“猫池”设备利用贾某、徐某等人提供的注册工具，通过接码平台大量注册、解封网络账号出售牟利。抓获庄某、刘某在内的犯罪嫌疑人22名，扣押“猫池”设备163台、手机卡5万余张，查获上述人员非法注册QQ号150余万个、新浪微博号200余万个、“12306”账号100余万个。

**8. 梅某等侵犯公民个人信息案**（2020年公安部公布十起侵犯公民个人信息违法犯罪典型案件之八）

**案情摘要：**2019年年初，江苏连云港公安机关侦破一起搭建虚假炒股平台实施诈骗案。连云港市公安局网安部门随后顺线追踪，发现一条以证券公司内部人员范某等人为源头，层层倒卖股民信息至境内外网络炒股诈骗团伙的跨境侵犯公民个人信息犯罪链条，下游诈骗分子使用股民信息实施诈骗，涉案金额高达2220余万元。连云港公安机关据此先后抓获犯罪嫌疑人53名，包括某证券公司内部员工2名，查获股民信息300余万条。

**9. 杨某侵犯涉疫情公民个人信息违法案**（2020年公安部公布十起侵犯公民个人信息违法犯罪典型案件之九）

**案情摘要：**2020年1月，一网民在网上举报有人在微信朋友圈内大肆传播疫情防控重点人员信息。后查明该批涉疫情公民个人信息传播源头为安顺市天柱县某街道社区工作人员杨某，杨某在工作中获取了社区疫情防控人员信息后向好友发送，造成相关信息在微信中迅速扩散，造成恶劣影响。安顺公安机关依法对杨某行政拘留15日、罚款5000元。

**10. 王某侵犯涉疫情公民个人信息违法案**（2020年公安部公布十起侵犯公民个人信息违法犯罪典型案件之十）

**案情摘要：**2020年1月，贵州省黔东南苗族侗族自治州公安局网安部门工作发现，一份名为“新型冠状病毒感染肺炎防控重点人员台账”在互联网上大肆传播。黔东南州网安部门立即开展网上侦查，查明该台账由黔东南州凯里市某幼儿园员工王某在工作中获取，发布于小区微信群中，随后被层层转发，造成恶劣影响。黔东南州公安机关依法对王某行政拘留12日、罚款5000元。

# 第八章　附　　则

**第七十二条**　**【适用除外】**

自然人因个人或者家庭事务处理个人信息的，不适用本法。

法律对各级人民政府及其有关部门组织实施的统计、档案管理活动中的个人信息处理有规定的，适用其规定。

## ● 法　律

**1.《中华人民共和国数据安全法》**（2021年6月10日）

**第53条**　开展涉及国家秘密的数据处理活动，适用《中华人民共和国保守国家秘密法》等法律、行政法规的规定。

在统计、档案工作中开展数据处理活动，开展涉及个人信息的数据处理活动，还应当遵守有关法律、行政法规的规定。

**2.《中华人民共和国统计法》**（2009年6月27日）

**第一章　总　　则**

**第1条**　为了科学、有效地组织统计工作，保障统计资料的真实性、准确性、完整性和及时性，发挥统计在了解国情国力、服务经济社会发展中的重要作用，促进社会主义现代化建设事业发展，制定本法。

**第2条**　本法适用于各级人民政府、县级以上人民政府统计机构和有关部门组织实施的统计活动。

统计的基本任务是对经济社会发展情况进行统计调查、统计分析，提供统计资料和统计咨询意见，实行统计监督。

**第3条**　国家建立集中统一的统计系统，实行统一领导、分级负责的统计管理体制。

**第4条**　国务院和地方各级人民政府、各有关部门应当加强对统计工作的组织领导，为统计工作提供必要的保障。

**第5条** 国家加强统计科学研究，健全科学的统计指标体系，不断改进统计调查方法，提高统计的科学性。

国家有计划地加强统计信息化建设，推进统计信息搜集、处理、传输、共享、存储技术和统计数据库体系的现代化。

**第6条** 统计机构和统计人员依照本法规定独立行使统计调查、统计报告、统计监督的职权，不受侵犯。

地方各级人民政府、政府统计机构和有关部门以及各单位的负责人，不得自行修改统计机构和统计人员依法搜集、整理的统计资料，不得以任何方式要求统计机构、统计人员及其他机构、人员伪造、篡改统计资料，不得对依法履行职责或者拒绝、抵制统计违法行为的统计人员打击报复。

**第7条** 国家机关、企业事业单位和其他组织以及个体工商户和个人等统计调查对象，必须依照本法和国家有关规定，真实、准确、完整、及时地提供统计调查所需的资料，不得提供不真实或者不完整的统计资料，不得迟报、拒报统计资料。

**第8条** 统计工作应当接受社会公众的监督。任何单位和个人有权检举统计中弄虚作假等违法行为。对检举有功的单位和个人应当给予表彰和奖励。

**第9条** 统计机构和统计人员对在统计工作中知悉的国家秘密、商业秘密和个人信息，应当予以保密。

**第10条** 任何单位和个人不得利用虚假统计资料骗取荣誉称号、物质利益或者职务晋升。

## 第二章 统计调查管理

**第11条** 统计调查项目包括国家统计调查项目、部门统计调查项目和地方统计调查项目。

国家统计调查项目是指全国性基本情况的统计调查项目。部门统计调查项目是指国务院有关部门的专业性统计调查项目。地方统计调查项目是指县级以上地方人民政府及其部门的地方性统计调查项目。

国家统计调查项目、部门统计调查项目、地方统计调查项目应当明确分工，互相衔接，不得重复。

**第12条** 国家统计调查项目由国家统计局制定，或者由国家统计局和国务院有关部门共同制定，报国务院备案；重大的国家统计调查项目报国务院审批。

部门统计调查项目由国务院有关部门制定。统计调查对象属于本部门管辖系统的，报国家统计局备案；统计调查对象超出本部门管辖系统的，报国家统计局审批。

地方统计调查项目由县级以上地方人民政府统计机构和有关部门分别制定或者共同制定。其中，由省级人民政府统计机构单独制定或者和有关部门共同制定的，报国家统计局审批；由省级以下人民政府统计机构单独制定或者和有关部门共同制定的，报省级人民政府统计机构审批；由县级以上地方人民政府有关部门制定的，报本级人民政府统计机构审批。

**第13条** 统计调查项目的审批机关应当对调查项目的必要性、可行性、科学性进行审查，对符合法定条件的，作出予以批准的书面决定，并公布；对不符合法定条件的，作出不予批准的书面决定，并说明理由。

**第14条** 制定统计调查项目，应当同时制定该项目的统计调查制度，并依照本法第十二条的规定一并报经审批或者备案。

统计调查制度应当对调查目的、调查内容、调查方法、调查对象、调查组织方式、调查表式、统计资料的报送和公布等作出规定。

统计调查应当按照统计调查制度组织实施。变更统计调查制度的内容，应当报经原审批机关批准或者原备案机关备案。

**第15条** 统计调查表应当标明表号、制定机关、批准或者备案文号、有效期限等标志。

对未标明前款规定的标志或者超过有效期限的统计调查表，统计调查对象有权拒绝填报；县级以上人民政府统计机构应当依法责令停止有关统计调查活动。

**第16条** 搜集、整理统计资料，应当以周期性普查为基础，以经常性抽样调查为主体，综合运用全面调查、重点调查等方法，并充分利用行政记录等资料。

重大国情国力普查由国务院统一领导，国务院和地方人民政府组织统计机构和有关部门共同实施。

**第17条** 国家制定统一的统计标准，保障统计调查采用的指标涵义、计算方法、分类目录、调查表式和统计编码等的标准化。

国家统计标准由国家统计局制定，或者由国家统计局和国务院标准化主管部门共同制定。

国务院有关部门可以制定补充性的部门统计标准，报国家统计局审批。部门统计标准不得与国家统计标准相抵触。

**第 18 条** 县级以上人民政府统计机构根据统计任务的需要，可以在统计调查对象中推广使用计算机网络报送统计资料。

**第 19 条** 县级以上人民政府应当将统计工作所需经费列入财政预算。

重大国情国力普查所需经费，由国务院和地方人民政府共同负担，列入相应年度的财政预算，按时拨付，确保到位。

## 第三章 统计资料的管理和公布

**第 20 条** 县级以上人民政府统计机构和有关部门以及乡、镇人民政府，应当按照国家有关规定建立统计资料的保存、管理制度，建立健全统计信息共享机制。

**第 21 条** 国家机关、企业事业单位和其他组织等统计调查对象，应当按照国家有关规定设置原始记录、统计台账，建立健全统计资料的审核、签署、交接、归档等管理制度。

统计资料的审核、签署人员应当对其审核、签署的统计资料的真实性、准确性和完整性负责。

**第 22 条** 县级以上人民政府有关部门应当及时向本级人民政府统计机构提供统计所需的行政记录资料和国民经济核算所需的财务资料、财政资料及其他资料，并按照统计调查制度的规定及时向本级人民政府统计机构报送其组织实施统计调查取得的有关资料。

县级以上人民政府统计机构应当及时向本级人民政府有关部门提供有关统计资料。

**第 23 条** 县级以上人民政府统计机构按照国家有关规定，定期公布统计资料。

国家统计数据以国家统计局公布的数据为准。

**第 24 条** 县级以上人民政府有关部门统计调查取得的统计资料，由本部门按照国家有关规定公布。

**第 25 条** 统计调查中获得的能够识别或者推断单个统计调查对象身份的资料，任何单位和个人不得对外提供、泄露，不得用于统计以外的目的。

**第 26 条** 县级以上人民政府统计机构和有关部门统计调查取得的统计资料，除依法应当保密的外，应当及时公开，供社会公众查询。

## 第四章 统计机构和统计人员

**第 27 条** 国务院设立国家统计局，依法组织领导和协调全国的统计工作。

国家统计局根据工作需要设立的派出调查机构，承担国家统计局布置的统计调查等任务。

县级以上地方人民政府设立独立的统计机构，乡、镇人民政府设置统计工作岗位，配备专职或者兼职统计人员，依法管理、开展统计工作，实施统计调查。

**第 28 条** 县级以上人民政府有关部门根据统计任务的需要设立统计机构，或者在有关机构中设置统计人员，并指定统计负责人，依法组织、管理本部门职责范围内的统计工作，实施统计调查，在统计业务上受本级人民政府统计机构的指导。

**第 29 条** 统计机构、统计人员应当依法履行职责，如实搜集、报送统计资料，不得伪造、篡改统计资料，不得以任何方式要求任何单位和个人提供不真实的统计资料，不得有其他违反本法规定的行为。

统计人员应当坚持实事求是，恪守职业道德，对其负责搜集、审核、录入的统计资料与统计调查对象报送的统计资料的一致性负责。

**第 30 条** 统计人员进行统计调查时，有权就与统计有关的问题询问有关人员，要求其如实提供有关情况、资料并改正不真实、不准确的资料。

统计人员进行统计调查时，应当出示县级以上人民政府统计机构或者有关部门颁发的工作证件；未出示的，统计调查对象有权拒绝调查。

**第 31 条** 国家实行统计专业技术职务资格考试、评聘制度，提高统计人员的专业素质，保障统计队伍的稳定性。

统计人员应当具备与其从事的统计工作相适应的专业知识和业务能力。

县级以上人民政府统计机构和有关部门应当加强对统计人员的专业培训和职业道德教育。

## 第五章　监督检查

**第32条**　县级以上人民政府及其监察机关对下级人民政府、本级人民政府统计机构和有关部门执行本法的情况，实施监督。

**第33条**　国家统计局组织管理全国统计工作的监督检查，查处重大统计违法行为。

县级以上地方人民政府统计机构依法查处本行政区域内发生的统计违法行为。但是，国家统计局派出的调查机构组织实施的统计调查活动中发生的统计违法行为，由组织实施该项统计调查的调查机构负责查处。

法律、行政法规对有关部门查处统计违法行为另有规定的，从其规定。

**第34条**　县级以上人民政府有关部门应当积极协助本级人民政府统计机构查处统计违法行为，及时向本级人民政府统计机构移送有关统计违法案件材料。

**第35条**　县级以上人民政府统计机构在调查统计违法行为或者核查统计数据时，有权采取下列措施：

（一）发出统计检查查询书，向检查对象查询有关事项；

（二）要求检查对象提供有关原始记录和凭证、统计台账、统计调查表、会计资料及其他相关证明和资料；

（三）就与检查有关的事项询问有关人员；

（四）进入检查对象的业务场所和统计数据处理信息系统进行检查、核对；

（五）经本机构负责人批准，登记保存检查对象的有关原始记录和凭证、统计台账、统计调查表、会计资料及其他相关证明和资料；

（六）对与检查事项有关的情况和资料进行记录、录音、录像、照相和复制。

县级以上人民政府统计机构进行监督检查时，监督检查人员不得少于二人，并应当出示执法证件；未出示的，有关单位和个人有权拒绝检查。

**第36条**　县级以上人民政府统计机构履行监督检查职责时，有关单位和个人应当如实反映情况，提供相关证明和资料，不得拒绝、阻碍检查，不得转移、隐匿、篡改、毁弃原始记录和凭证、统计台账、统计调查表、会计资料及其他相关证明和资料。

## 第六章 法律责任

**第37条** 地方人民政府、政府统计机构或者有关部门、单位的负责人有下列行为之一的，由任免机关或者监察机关依法给予处分，并由县级以上人民政府统计机构予以通报：

（一）自行修改统计资料、编造虚假统计数据的；

（二）要求统计机构、统计人员或者其他机构、人员伪造、篡改统计资料的；

（三）对依法履行职责或者拒绝、抵制统计违法行为的统计人员打击报复的；

（四）对本地方、本部门、本单位发生的严重统计违法行为失察的。

**第38条** 县级以上人民政府统计机构或者有关部门在组织实施统计调查活动中有下列行为之一的，由本级人民政府、上级人民政府统计机构或者本级人民政府统计机构责令改正，予以通报；对直接负责的主管人员和其他直接责任人员，由任免机关或者监察机关依法给予处分：

（一）未经批准擅自组织实施统计调查的；

（二）未经批准擅自变更统计调查制度的内容的；

（三）伪造、篡改统计资料的；

（四）要求统计调查对象或者其他机构、人员提供不真实的统计资料的；

（五）未按照统计调查制度的规定报送有关资料的。

统计人员有前款第三项至第五项所列行为之一的，责令改正，依法给予处分。

**第39条** 县级以上人民政府统计机构或者有关部门有下列行为之一的，对直接负责的主管人员和其他直接责任人员由任免机关或者监察机关依法给予处分：

（一）违法公布统计资料的；

（二）泄露统计调查对象的商业秘密、个人信息或者提供、泄露在统计调查中获得的能够识别或者推断单个统计调查对象身份的资料的；

（三）违反国家有关规定，造成统计资料毁损、灭失的。

统计人员有前款所列行为之一的，依法给予处分。

**第40条** 统计机构、统计人员泄露国家秘密的，依法追究法律责任。

**第41条** 作为统计调查对象的国家机关、企业事业单位或者其他组织有下列行为之一的，由县级以上人民政府统计机构责令改正，给予警告，可以予以通报；其直接负责的主管人员和其他直接责任人员属于国家工作人员的，由任免机关或者监察机关依法给予处分：

（一）拒绝提供统计资料或者经催报后仍未按时提供统计资料的；

（二）提供不真实或者不完整的统计资料的；

（三）拒绝答复或者不如实答复统计检查查询书的；

（四）拒绝、阻碍统计调查、统计检查的；

（五）转移、隐匿、篡改、毁弃或者拒绝提供原始记录和凭证、统计台账、统计调查表及其他相关证明和资料的。

企业事业单位或者其他组织有前款所列行为之一的，可以并处五万元以下的罚款；情节严重的，并处五万元以上二十万元以下的罚款。

个体工商户有本条第一款所列行为之一的，由县级以上人民政府统计机构责令改正，给予警告，可以并处一万元以下的罚款。

**第42条** 作为统计调查对象的国家机关、企业事业单位或者其他组织迟报统计资料，或者未按照国家有关规定设置原始记录、统计台账的，由县级以上人民政府统计机构责令改正，给予警告。

企业事业单位或者其他组织有前款所列行为之一的，可以并处一万元以下的罚款。

个体工商户迟报统计资料的，由县级以上人民政府统计机构责令改正，给予警告，可以并处一千元以下的罚款。

**第43条** 县级以上人民政府统计机构查处统计违法行为时，认为对有关国家工作人员依法应当给予处分的，应当提出给予处分的建议；该国家工作人员的任免机关或者监察机关应当依法及时作出决定，并将结果书面通知县级以上人民政府统计机构。

**第44条** 作为统计调查对象的个人在重大国情国力普查活动中拒绝、阻碍统计调查，或者提供不真实或者不完整的普查资料的，由县级以上人民政府统计机构责令改正，予以批评教育。

**第45条** 违反本法规定，利用虚假统计资料骗取荣誉称号、物质利益或者职务晋升的，除对其编造虚假统计资料或者要求他人编造虚假统计资料的行为依法追究法律责任外，由作出有关决定的单位或者其上级单位、监察机关取消其荣誉称号，追缴获得的物质利益，撤销晋升的职务。

**第46条** 当事人对县级以上人民政府统计机构作出的行政处罚决定不服的，可以依法申请行政复议或者提起行政诉讼。其中，对国家统计局在省、自治区、直辖市派出的调查机构作出的行政处罚决定不服的，向国家统计局申请行政复议；对国家统计局派出的其他调查机构作出的行政处罚决定不服的，向国家统计局在该派出机构所在的省、自治区、直辖市派出的调查机构申请行政复议。

**第47条** 违反本法规定，构成犯罪的，依法追究刑事责任。

## 第七章 附 则

**第48条** 本法所称县级以上人民政府统计机构，是指国家统计局及其派出的调查机构、县级以上地方人民政府统计机构。

**第49条** 民间统计调查活动的管理办法，由国务院制定。

中华人民共和国境外的组织、个人需要在中华人民共和国境内进行统计调查活动的，应当按照国务院的规定报请审批。

利用统计调查危害国家安全、损害社会公共利益或者进行欺诈活动的，依法追究法律责任。

**第50条** 本法自2010年1月1日起施行。

3.**《中华人民共和国档案法》**（2020年6月20日）

## 第一章 总 则

**第1条** 为了加强档案管理，规范档案收集、整理工作，有效保护和利用档案，提高档案信息化建设水平，推进国家治理体系和治理能力现代化，为中国特色社会主义事业服务，制定本法。

**第2条** 从事档案收集、整理、保护、利用及其监督管理活动，适用本法。

本法所称档案，是指过去和现在的机关、团体、企业事业单位和其他组织以及个人从事经济、政治、文化、社会、生态文明、军事、外事、科技等方面活动直接形成的对国家和社会具有保存价值的各种文字、图表、声像等不同形式的历史记录。

**第3条** 坚持中国共产党对档案工作的领导。各级人民政府应当加强档案工作，把档案事业纳入国民经济和社会发展规划，将档案事业发展经费列入政府预算，确保档案事业发展与国民经济和社会发展水平相适应。

**第4条** 档案工作实行统一领导、分级管理的原则，维护档案完整与安全，便于社会各方面的利用。

**第5条** 一切国家机关、武装力量、政党、团体、企业事业单位和公民都有保护档案的义务，享有依法利用档案的权利。

**第6条** 国家鼓励和支持档案科学研究和技术创新，促进科技成果在档案收集、整理、保护、利用等方面的转化和应用，推动档案科技进步。

国家采取措施，加强档案宣传教育，增强全社会档案意识。

国家鼓励和支持在档案领域开展国际交流与合作。

**第7条** 国家鼓励社会力量参与和支持档案事业的发展。

对在档案收集、整理、保护、利用等方面做出突出贡献的单位和个人，按照国家有关规定给予表彰、奖励。

## 第二章 档案机构及其职责

**第8条** 国家档案主管部门主管全国的档案工作，负责全国档案事业的统筹规划和组织协调，建立统一制度，实行监督和指导。

县级以上地方档案主管部门主管本行政区域内的档案工作，对本行政区域内机关、团体、企业事业单位和其他组织的档案工作实行监督和指导。

乡镇人民政府应当指定人员负责管理本机关的档案，并对所属单位、基层群众性自治组织等的档案工作实行监督和指导。

**第9条** 机关、团体、企业事业单位和其他组织应当确定档案机构或者档案工作人员负责管理本单位的档案，并对所属单位的档案工作实行监督和指导。

中央国家机关根据档案管理需要，在职责范围内指导本系统的档案业务工作。

**第10条** 中央和县级以上地方各级各类档案馆，是集中管理档案的文化事业机构，负责收集、整理、保管和提供利用各自分管范围内的档案。

**第11条** 国家加强档案工作人才培养和队伍建设，提高档案工作人员业务素质。

档案工作人员应当忠于职守，遵纪守法，具备相应的专业知识与技能，其中档案专业人员可以按照国家有关规定评定专业技术职称。

## 第三章 档案的管理

**第12条** 按照国家规定应当形成档案的机关、团体、企业事业单位和其他组织，应当建立档案工作责任制，依法健全档案管理制度。

**第13条** 直接形成的对国家和社会具有保存价值的下列材料，应当纳入归档范围：

（一）反映机关、团体组织沿革和主要职能活动的；

（二）反映国有企业事业单位主要研发、建设、生产、经营和服务活动，以及维护国有企业事业单位权益和职工权益的；

（三）反映基层群众性自治组织城乡社区治理、服务活动的；

（四）反映历史上各时期国家治理活动、经济科技发展、社会历史面貌、文化习俗、生态环境的；

（五）法律、行政法规规定应当归档的。

非国有企业、社会服务机构等单位依照前款第二项所列范围保存本单位相关材料。

**第14条** 应当归档的材料，按照国家有关规定定期向本单位档案机构或者档案工作人员移交，集中管理，任何个人不得拒绝归档或者据为己有。

国家规定不得归档的材料，禁止擅自归档。

**第15条** 机关、团体、企业事业单位和其他组织应当按照国家有关规定，定期向档案馆移交档案，档案馆不得拒绝接收。

经档案馆同意，提前将档案交档案馆保管的，在国家规定的移交期限届满前，该档案所涉及政府信息公开事项仍由原制作或者保存政府信息的单位办理。移交期限届满的，涉及政府信息公开事项的档案按照档案利用规定办理。

**第16条** 机关、团体、企业事业单位和其他组织发生机构变动或者撤销、合并等情形时，应当按照规定向有关单位或者档案馆移交档案。

**第17条** 档案馆除按照国家有关规定接收移交的档案外，还可以通过接受捐献、购买、代存等方式收集档案。

**第18条** 博物馆、图书馆、纪念馆等单位保存的文物、文献信息同时是档案的，依照有关法律、行政法规的规定，可以由上述单位自行管理。

档案馆与前款所列单位应当在档案的利用方面互相协作，可以相互交换重复件、复制件或者目录，联合举办展览，共同研究、编辑出版有关史料。

**第19条** 档案馆以及机关、团体、企业事业单位和其他组织的档案机构应当建立科学的管理制度，便于对档案的利用；按照国家有关规定配置适宜档案保存的库房和必要的设施、设备，确保档案的安全；采用先进技术，实现档案管理的现代化。

档案馆和机关、团体、企业事业单位以及其他组织应当建立健全档案安全工作机制，加强档案安全风险管理，提高档案安全应急处置能力。

**第20条** 涉及国家秘密的档案的管理和利用，密级的变更和解密，应当依照有关保守国家秘密的法律、行政法规规定办理。

**第21条** 鉴定档案保存价值的原则、保管期限的标准以及销毁档案的程序和办法，由国家档案主管部门制定。

禁止篡改、损毁、伪造档案。禁止擅自销毁档案。

**第22条** 非国有企业、社会服务机构等单位和个人形成的档案，对国家和社会具有重要保存价值或者应当保密的，档案所有者应当妥善保管。对保管条件不符合要求或者存在其他原因可能导致档案严重损毁和不安全的，省级以上档案主管部门可以给予帮助，或者经协商采取指定档案馆代为保管等确保档案完整和安全的措施；必要时，可以依法收购或者征购。

前款所列档案，档案所有者可以向国家档案馆寄存或者转让。严禁出卖、赠送给外国人或者外国组织。

向国家捐献重要、珍贵档案的，国家档案馆应当按照国家有关规定给予奖励。

**第23条** 禁止买卖属于国家所有的档案。

国有企业事业单位资产转让时，转让有关档案的具体办法，由国家档案主管部门制定。

档案复制件的交换、转让，按照国家有关规定办理。

**第24条** 档案馆和机关、团体、企业事业单位以及其他组织委托档案整理、寄存、开发利用和数字化等服务的，应当与符合条件的档案服务企业签订委托协议，约定服务的范围、质量和技术标准等内容，并对受托方进行监督。

受托方应当建立档案服务管理制度，遵守有关安全保密规定，确保档案的安全。

**第25条** 属于国家所有的档案和本法第二十二条规定的档案及其复制件，禁止擅自运送、邮寄、携带出境或者通过互联网传输出境。确需出境的，按照国家有关规定办理审批手续。

**第 26 条** 国家档案主管部门应当建立健全突发事件应对活动相关档案收集、整理、保护、利用工作机制。

档案馆应当加强对突发事件应对活动相关档案的研究整理和开发利用，为突发事件应对活动提供文献参考和决策支持。

## 第四章 档案的利用和公布

**第 27 条** 县级以上各级档案馆的档案，应当自形成之日起满二十五年向社会开放。经济、教育、科技、文化等类档案，可以少于二十五年向社会开放；涉及国家安全或者重大利益以及其他到期不宜开放的档案，可以多于二十五年向社会开放。国家鼓励和支持其他档案馆向社会开放档案。档案开放的具体办法由国家档案主管部门制定，报国务院批准。

**第 28 条** 档案馆应当通过其网站或者其他方式定期公布开放档案的目录，不断完善利用规则，创新服务形式，强化服务功能，提高服务水平，积极为档案的利用创造条件，简化手续，提供便利。

单位和个人持有合法证明，可以利用已经开放的档案。档案馆不按规定开放利用的，单位和个人可以向档案主管部门投诉，接到投诉的档案主管部门应当及时调查处理并将处理结果告知投诉人。

利用档案涉及知识产权、个人信息的，应当遵守有关法律、行政法规的规定。

**第 29 条** 机关、团体、企业事业单位和其他组织以及公民根据经济建设、国防建设、教学科研和其他工作的需要，可以按照国家有关规定，利用档案馆未开放的档案以及有关机关、团体、企业事业单位和其他组织保存的档案。

**第 30 条** 馆藏档案的开放审核，由档案馆会同档案形成单位或者移交单位共同负责。尚未移交进馆档案的开放审核，由档案形成单位或者保管单位负责，并在移交时附具意见。

**第 31 条** 向档案馆移交、捐献、寄存档案的单位和个人，可以优先利用该档案，并可以对档案中不宜向社会开放的部分提出限制利用的意见，档案馆应当予以支持，提供便利。

**第 32 条** 属于国家所有的档案，由国家授权的档案馆或者有关机关公布；未经档案馆或者有关机关同意，任何单位和个人无权公布。非国有企业、社会服务机构等单位和个人形成的档案，档案所有者有权公布。

公布档案应当遵守有关法律、行政法规的规定，不得损害国家安全和利益，不得侵犯他人的合法权益。

**第33条** 档案馆应当根据自身条件，为国家机关制定法律、法规、政策和开展有关问题研究，提供支持和便利。

档案馆应当配备研究人员，加强对档案的研究整理，有计划地组织编辑出版档案材料，在不同范围内发行。

档案研究人员研究整理档案，应当遵守档案管理的规定。

**第34条** 国家鼓励档案馆开发利用馆藏档案，通过开展专题展览、公益讲座、媒体宣传等活动，进行爱国主义、集体主义、中国特色社会主义教育，传承发展中华优秀传统文化，继承革命文化，发展社会主义先进文化，增强文化自信，弘扬社会主义核心价值观。

## 第五章 档案信息化建设

**第35条** 各级人民政府应当将档案信息化纳入信息化发展规划，保障电子档案、传统载体档案数字化成果等档案数字资源的安全保存和有效利用。

档案馆和机关、团体、企业事业单位以及其他组织应当加强档案信息化建设，并采取措施保障档案信息安全。

**第36条** 机关、团体、企业事业单位和其他组织应当积极推进电子档案管理信息系统建设，与办公自动化系统、业务系统等相互衔接。

**第37条** 电子档案应当来源可靠、程序规范、要素合规。

电子档案与传统载体档案具有同等效力，可以以电子形式作为凭证使用。

电子档案管理办法由国家档案主管部门会同有关部门制定。

**第38条** 国家鼓励和支持档案馆和机关、团体、企业事业单位以及其他组织推进传统载体档案数字化。已经实现数字化的，应当对档案原件妥善保管。

**第39条** 电子档案应当通过符合安全管理要求的网络或者存储介质向档案馆移交。

档案馆应当对接收的电子档案进行检测，确保电子档案的真实性、完整性、可用性和安全性。

档案馆可以对重要电子档案进行异地备份保管。

**第40条** 档案馆负责档案数字资源的收集、保存和提供利用。有条件的档案馆应当建设数字档案馆。

**第41条** 国家推进档案信息资源共享服务平台建设，推动档案数字资源跨区域、跨部门共享利用。

## 第六章 监督检查

**第42条** 档案主管部门依照法律、行政法规有关档案管理的规定，可以对档案馆和机关、团体、企业事业单位以及其他组织的下列情况进行检查：

（一）档案工作责任制和管理制度落实情况；

（二）档案库房、设施、设备配置使用情况；

（三）档案工作人员管理情况；

（四）档案收集、整理、保管、提供利用等情况；

（五）档案信息化建设和信息安全保障情况；

（六）对所属单位等的档案工作监督和指导情况。

**第43条** 档案主管部门根据违法线索进行检查时，在符合安全保密要求的前提下，可以检查有关库房、设施、设备，查阅有关材料，询问有关人员，记录有关情况，有关单位和个人应当配合。

**第44条** 档案馆和机关、团体、企业事业单位以及其他组织发现本单位存在档案安全隐患的，应当及时采取补救措施，消除档案安全隐患。发生档案损毁、信息泄露等情形的，应当及时向档案主管部门报告。

**第45条** 档案主管部门发现档案馆和机关、团体、企业事业单位以及其他组织存在档案安全隐患的，应当责令限期整改，消除档案安全隐患。

**第46条** 任何单位和个人对档案违法行为，有权向档案主管部门和有关机关举报。

接到举报的档案主管部门或者有关机关应当及时依法处理。

**第47条** 档案主管部门及其工作人员应当按照法定的职权和程序开展监督检查工作，做到科学、公正、严格、高效，不得利用职权牟取利益，不得泄露履职过程中知悉的国家秘密、商业秘密或者个人隐私。

## 第七章 法律责任

**第48条** 单位或者个人有下列行为之一，由县级以上档案主管部门、有关机关对直接负责的主管人员和其他直接责任人员依法给予处分：

（一）丢失属于国家所有的档案的；

（二）擅自提供、抄录、复制、公布属于国家所有的档案的；

（三）买卖或者非法转让属于国家所有的档案的；

（四）篡改、损毁、伪造档案或者擅自销毁档案的；

（五）将档案出卖、赠送给外国人或者外国组织的；

（六）不按规定归档或者不按期移交档案，被责令改正而拒不改正的；

（七）不按规定向社会开放、提供利用档案的；

（八）明知存在档案安全隐患而不采取补救措施，造成档案损毁、灭失，或者存在档案安全隐患被责令限期整改而逾期未整改的；

（九）发生档案安全事故后，不采取抢救措施或者隐瞒不报、拒绝调查的；

（十）档案工作人员玩忽职守，造成档案损毁、灭失的。

**第49条** 利用档案馆的档案，有本法第四十八条第一项、第二项、第四项违法行为之一的，由县级以上档案主管部门给予警告，并对单位处一万元以上十万元以下的罚款，对个人处五百元以上五千元以下的罚款。

档案服务企业在服务过程中有本法第四十八条第一项、第二项、第四项违法行为之一的，由县级以上档案主管部门给予警告，并处二万元以上二十万元以下的罚款。

单位或者个人有本法第四十八条第三项、第五项违法行为之一的，由县级以上档案主管部门给予警告，没收违法所得，并对单位处一万元以上十万元以下的罚款，对个人处五百元以上五千元以下的罚款；并可以依照本法第二十二条的规定征购所出卖或者赠送的档案。

**第50条** 违反本法规定，擅自运送、邮寄、携带或者通过互联网传输禁止出境的档案或者其复制件出境的，由海关或者有关部门予以没收、阻断传输，并对单位处一万元以上十万元以下的罚款，对个人处五百元以上五千元以下的罚款；并将没收、阻断传输的档案或者其复制件移交档案主管部门。

**第51条** 违反本法规定，构成犯罪的，依法追究刑事责任；造成财产损失或者其他损害的，依法承担民事责任。

## 第八章　附　　则

**第52条**　中国人民解放军和中国人民武装警察部队的档案工作，由中央军事委员会依照本法制定管理办法。

**第53条**　本法自2021年1月1日起施行。

● *行政法规及文件*

**4.《全国人口普查条例》**（2010年5月24日）

**第33条**　人口普查中获得的能够识别或者推断单个普查对象身份的资料，任何单位和个人不得对外提供、泄露，不得作为对人口普查对象作出具体行政行为的依据，不得用于人口普查以外的目的。

人口普查数据不得作为对地方人民政府进行政绩考核和责任追究的依据。

**5.《全国经济普查条例》**（2018年8月11日）

**第33条**　经济普查取得的单位和个人资料，严格限定用于经济普查的目的，不作为任何单位对经济普查对象实施处罚的依据。

### 第七十三条　【术语定义】

本法下列用语的含义：

（一）个人信息处理者，是指在个人信息处理活动中自主决定处理目的、处理方式的组织、个人。

（二）自动化决策，是指通过计算机程序自动分析、评估个人的行为习惯、兴趣爱好或者经济、健康、信用状况等，并进行决策的活动。

（三）去标识化，是指个人信息经过处理，使其在不借助额外信息的情况下无法识别特定自然人的过程。

（四）匿名化，是指个人信息经过处理无法识别特定自然人且不能复原的过程。

● *国家标准*

**《信息安全技术 个人信息安全规范》**（2020年3月6日 GB/T 35273-2020）

3.14 匿名化 anonymization

通过对个人信息的技术处理，使得个人信息主体无法被识别或者关联，且处理后的信息不能被复原的过程。

注：个人信息经匿名化处理后所得的信息不属于个人信息。

3.15 去标识化 de-identification

通过对个人信息的技术处理，使其在不借助额外信息的情况下，无法识别或者关联个人信息主体的过程。

注：去标识化建立在个体基础之上，保留了个体颗粒度，采用假名、加密、哈希函数等技术手段替代对个人信息的标识。

## 第七十四条 【生效时间】

本法自2021年11月1日起施行。

# 附录

## 中华人民共和国数据安全法

（2021 年 6 月 10 日第十三届全国人民代表大会常务委员会第二十九次会议通过　2021 年 6 月 10 日中华人民共和国主席令第八十四号公布　自 2021 年 9 月 1 日起施行）

### 目　　录



### 第一章　总　　则

**第一条**　为了规范数据处理活动，保障数据安全，促进数据开发利用，保护个人、组织的合法权益，维护国家主权、安全和发展利益，制定本法。

**第二条**　在中华人民共和国境内开展数据处理活动及其安全监管，适用本法。

在中华人民共和国境外开展数据处理活动，损害中华人民共和国国家安全、公共利益或者公民、组织合法权益的，依法追究法律责任。

**第三条** 本法所称数据，是指任何以电子或者其他方式对信息的记录。

数据处理，包括数据的收集、存储、使用、加工、传输、提供、公开等。

数据安全，是指通过采取必要措施，确保数据处于有效保护和合法利用的状态，以及具备保障持续安全状态的能力。

**第四条** 维护数据安全，应当坚持总体国家安全观，建立健全数据安全治理体系，提高数据安全保障能力。

**第五条** 中央国家安全领导机构负责国家数据安全工作的决策和议事协调，研究制定、指导实施国家数据安全战略和有关重大方针政策，统筹协调国家数据安全的重大事项和重要工作，建立国家数据安全工作协调机制。

**第六条** 各地区、各部门对本地区、本部门工作中收集和产生的数据及数据安全负责。

工业、电信、交通、金融、自然资源、卫生健康、教育、科技等主管部门承担本行业、本领域数据安全监管职责。

公安机关、国家安全机关等依照本法和有关法律、行政法规的规定，在各自职责范围内承担数据安全监管职责。

国家网信部门依照本法和有关法律、行政法规的规定，负责统筹协调网络数据安全和相关监管工作。

**第七条** 国家保护个人、组织与数据有关的权益，鼓励数据依法合理有效利用，保障数据依法有序自由流动，促进以数据为关键要素的数字经济发展。

**第八条** 开展数据处理活动，应当遵守法律、法规，尊重社会公德和伦理，遵守商业道德和职业道德，诚实守信，履行数据安全保护义务，承担社会责任，不得危害国家安全、公共利益，不得损害个人、组织的合法权益。

**第九条** 国家支持开展数据安全知识宣传普及，提高全社会的数据安全保护意识和水平，推动有关部门、行业组织、科研机构、企业、个人等共同参与数据安全保护工作，形成全社会共同维护数据安全和促进发展的良好环境。

**第十条** 相关行业组织按照章程，依法制定数据安全行为规范和团体标准，加强行业自律，指导会员加强数据安全保护，提高数据安全保护水平，促进行业健康发展。

**第十一条** 国家积极开展数据安全治理、数据开发利用等领域的国际交流与合作，参与数据安全相关国际规则和标准的制定，促进数据跨境安全、自由流动。

**第十二条** 任何个人、组织都有权对违反本法规定的行为向有关主管部门投诉、举报。收到投诉、举报的部门应当及时依法处理。

有关主管部门应当对投诉、举报人的相关信息予以保密，保护投诉、举报人的合法权益。

## 第二章 数据安全与发展

**第十三条** 国家统筹发展和安全，坚持以数据开发利用和产业发展促进数据安全，以数据安全保障数据开发利用和产业发展。

**第十四条** 国家实施大数据战略，推进数据基础设施建设，鼓励和支持数据在各行业、各领域的创新应用。

省级以上人民政府应当将数字经济发展纳入本级国民经济和社会发展规划，并根据需要制定数字经济发展规划。

**第十五条** 国家支持开发利用数据提升公共服务的智能化水平。提供智能化公共服务，应当充分考虑老年人、残疾人的需求，避免对老年人、残疾人的日常生活造成障碍。

**第十六条** 国家支持数据开发利用和数据安全技术研究，鼓励数据开发利用和数据安全等领域的技术推广和商业创新，培育、发展数据开发利用和数据安全产品、产业体系。

**第十七条** 国家推进数据开发利用技术和数据安全标准体系建设。国务院标准化行政主管部门和国务院有关部门根据各自的职责，组织制定并适时修订有关数据开发利用技术、产品和数据安全相关标准。国家支持企业、社会团体和教育、科研机构等参与标准制定。

**第十八条** 国家促进数据安全检测评估、认证等服务的发展，支持数据安全检测评估、认证等专业机构依法开展服务活动。

国家支持有关部门、行业组织、企业、教育和科研机构、有关专业机构等在数据安全风险评估、防范、处置等方面开展协作。

**第十九条** 国家建立健全数据交易管理制度，规范数据交易行为，培育数据交易市场。

**第二十条** 国家支持教育、科研机构和企业等开展数据开发利用技术和数据安全相关教育和培训，采取多种方式培养数据开发利用技术和数据安全专业人才，促进人才交流。

## 第三章 数据安全制度

**第二十一条** 国家建立数据分类分级保护制度，根据数据在经济社会发展中的重要程度，以及一旦遭到篡改、破坏、泄露或者非法获取、非法利用，对国家安全、公共利益或者个人、组织合法权益造成的危害程度，对数据实行分类分级保护。国家数据安全工作协调机制统筹协调有关部门制定重要数据目录，加强对重要数据的保护。

关系国家安全、国民经济命脉、重要民生、重大公共利益等数据属于国家核心数据，实行更加严格的管理制度。

各地区、各部门应当按照数据分类分级保护制度，确定本地区、本部门以及相关行业、领域的重要数据具体目录，对列入目录的数据进行重点保护。

**第二十二条** 国家建立集中统一、高效权威的数据安全风险评估、报告、信息共享、监测预警机制。国家数据安全工作协调机制统筹协调有关部门加强数据安全风险信息的获取、分析、研判、预警工作。

**第二十三条** 国家建立数据安全应急处置机制。发生数据安全事件，有关主管部门应当依法启动应急预案，采取相应的应急处置措施，防止危害扩大，消除安全隐患，并及时向社会发布与公众有关的警示信息。

**第二十四条** 国家建立数据安全审查制度，对影响或者可能影响国家安全的数据处理活动进行国家安全审查。

依法作出的安全审查决定为最终决定。

**第二十五条** 国家对与维护国家安全和利益、履行国际义务相关的属于管制物项的数据依法实施出口管制。

**第二十六条** 任何国家或者地区在与数据和数据开发利用技术等有关的投资、贸易等方面对中华人民共和国采取歧视性的禁止、限制或者其他类似措施的，中华人民共和国可以根据实际情况对该国家或者地区对等采取措施。

## 第四章 数据安全保护义务

**第二十七条** 开展数据处理活动应当依照法律、法规的规定，建立健全全流程数据安全管理制度，组织开展数据安全教育培训，采取相应的技术措施和其他必要措施，保障数据安全。利用互联网等信息网络开展数据处理活动，应当在网络安全等级保护制度的基础上，履行上述数据安全保护义务。

重要数据的处理者应当明确数据安全负责人和管理机构，落实数据安全保护责任。

**第二十八条** 开展数据处理活动以及研究开发数据新技术，应当有利于促进经济社会发展，增进人民福祉，符合社会公德和伦理。

**第二十九条** 开展数据处理活动应当加强风险监测，发现数据安全缺陷、漏洞等风险时，应当立即采取补救措施；发生数据安全事件时，应当立即采取处置措施，按照规定及时告知用户并向有关主管部门报告。

**第三十条** 重要数据的处理者应当按照规定对其数据处理活动定期开展风险评估，并向有关主管部门报送风险评估报告。

风险评估报告应当包括处理的重要数据的种类、数量，开展数据处理活动的情况，面临的数据安全风险及其应对措施等。

**第三十一条** 关键信息基础设施的运营者在中华人民共和国境内运营中收集和产生的重要数据的出境安全管理，适用《中华人民共和国网络安全法》的规定；其他数据处理者在中华人民共和国境内运营中收集和产生的重要数据的出境安全管理办法，由国家网信部门会同国务院有关部门制定。

**第三十二条** 任何组织、个人收集数据，应当采取合法、正当的方式，不得窃取或者以其他非法方式获取数据。

法律、行政法规对收集、使用数据的目的、范围有规定的，应当在法律、行政法规规定的目的和范围内收集、使用数据。

**第三十三条** 从事数据交易中介服务的机构提供服务，应当要求数据提供方说明数据来源，审核交易双方的身份，并留存审核、交易记录。

**第三十四条** 法律、行政法规规定提供数据处理相关服务应当取得行政许可的，服务提供者应当依法取得许可。

**第三十五条** 公安机关、国家安全机关因依法维护国家安全或者侦查犯罪的需要调取数据，应当按照国家有关规定，经过严格的批准手续，依法进行，有关组织、个人应当予以配合。

**第三十六条** 中华人民共和国主管机关根据有关法律和中华

人民共和国缔结或者参加的国际条约、协定，或者按照平等互惠原则，处理外国司法或者执法机构关于提供数据的请求。非经中华人民共和国主管机关批准，境内的组织、个人不得向外国司法或者执法机构提供存储于中华人民共和国境内的数据。

## 第五章　政务数据安全与开放

**第三十七条**　国家大力推进电子政务建设，提高政务数据的科学性、准确性、时效性，提升运用数据服务经济社会发展的能力。

**第三十八条**　国家机关为履行法定职责的需要收集、使用数据，应当在其履行法定职责的范围内依照法律、行政法规规定的条件和程序进行；对在履行职责中知悉的个人隐私、个人信息、商业秘密、保密商务信息等数据应当依法予以保密，不得泄露或者非法向他人提供。

**第三十九条**　国家机关应当依照法律、行政法规的规定，建立健全数据安全管理制度，落实数据安全保护责任，保障政务数据安全。

**第四十条**　国家机关委托他人建设、维护电子政务系统，存储、加工政务数据，应当经过严格的批准程序，并应当监督受托方履行相应的数据安全保护义务。受托方应当依照法律、法规的规定和合同约定履行数据安全保护义务，不得擅自留存、使用、泄露或者向他人提供政务数据。

**第四十一条**　国家机关应当遵循公正、公平、便民的原则，按照规定及时、准确地公开政务数据。依法不予公开的除外。

**第四十二条**　国家制定政务数据开放目录，构建统一规范、互联互通、安全可控的政务数据开放平台，推动政务数据开放利用。

**第四十三条**　法律、法规授权的具有管理公共事务职能的组织为履行法定职责开展数据处理活动，适用本章规定。

## 第六章　法 律 责 任

**第四十四条**　有关主管部门在履行数据安全监管职责中，发现数据处理活动存在较大安全风险的，可以按照规定的权限和程序对有关组织、个人进行约谈，并要求有关组织、个人采取措施进行整改，消除隐患。

**第四十五条**　开展数据处理活动的组织、个人不履行本法第二十七条、第二十九条、第三十条规定的数据安全保护义务的，由有关主管部门责令改正，给予警告，可以并处五万元以上五十万元以下罚款，对直接负责的主管人员和其他直接责任人员可以处一万元以上十万元以下罚款；拒不改正或者造成大量数据泄露等严重后果的，处五十万元以上二百万元以下罚款，并可以责令暂停相关业务、停业整顿、吊销相关业务许可证或者吊销营业执照，对直接负责的主管人员和其他直接责任人员处五万元以上二十万元以下罚款。

违反国家核心数据管理制度，危害国家主权、安全和发展利益的，由有关主管部门处二百万元以上一千万元以下罚款，并根据情况责令暂停相关业务、停业整顿、吊销相关业务许可证或者吊销营业执照；构成犯罪的，依法追究刑事责任。

**第四十六条**　违反本法第三十一条规定，向境外提供重要数据的，由有关主管部门责令改正，给予警告，可以并处十万元以上一百万元以下罚款，对直接负责的主管人员和其他直接责任人员可以处一万元以上十万元以下罚款；情节严重的，处一百万元以上一千万元以下罚款，并可以责令暂停相关业务、停业整顿、吊销相关业务许可证或者吊销营业执照，对直接负责的主管人员和其他直接责任人员处十万元以上一百万元以下罚款。

**第四十七条**　从事数据交易中介服务的机构未履行本法第三

十三条规定的义务的，由有关主管部门责令改正，没收违法所得，处违法所得一倍以上十倍以下罚款，没有违法所得或者违法所得不足十万元的，处十万元以上一百万元以下罚款，并可以责令暂停相关业务、停业整顿、吊销相关业务许可证或者吊销营业执照；对直接负责的主管人员和其他直接责任人员处一万元以上十万元以下罚款。

**第四十八条** 违反本法第三十五条规定，拒不配合数据调取的，由有关主管部门责令改正，给予警告，并处五万元以上五十万元以下罚款，对直接负责的主管人员和其他直接责任人员处一万元以上十万元以下罚款。

违反本法第三十六条规定，未经主管机关批准向外国司法或者执法机构提供数据的，由有关主管部门给予警告，可以并处十万元以上一百万元以下罚款，对直接负责的主管人员和其他直接责任人员可以处一万元以上十万元以下罚款；造成严重后果的，处一百万元以上五百万元以下罚款，并可以责令暂停相关业务、停业整顿、吊销相关业务许可证或者吊销营业执照，对直接负责的主管人员和其他直接责任人员处五万元以上五十万元以下罚款。

**第四十九条** 国家机关不履行本法规定的数据安全保护义务的，对直接负责的主管人员和其他直接责任人员依法给予处分。

**第五十条** 履行数据安全监管职责的国家工作人员玩忽职守、滥用职权、徇私舞弊的，依法给予处分。

**第五十一条** 窃取或者以其他非法方式获取数据，开展数据处理活动排除、限制竞争，或者损害个人、组织合法权益的，依照有关法律、行政法规的规定处罚。

**第五十二条** 违反本法规定，给他人造成损害的，依法承担民事责任。

违反本法规定，构成违反治安管理行为的，依法给予治安管理处罚；构成犯罪的，依法追究刑事责任。

## 第七章　附　　则

**第五十三条**　开展涉及国家秘密的数据处理活动，适用《中华人民共和国保守国家秘密法》等法律、行政法规的规定。

在统计、档案工作中开展数据处理活动，开展涉及个人信息的数据处理活动，还应当遵守有关法律、行政法规的规定。

**第五十四条**　军事数据安全保护的办法，由中央军事委员会依据本法另行制定。

**第五十五条**　本法自 2021 年 9 月 1 日起施行。

# 中华人民共和国网络安全法

（2016 年 11 月 7 日第十二届全国人民代表大会常务委员会第二十四次会议通过　2016 年 11 月 7 日中华人民共和国主席令第 53 号公布　自 2017 年 6 月 1 日起施行）

## 目　　录



## 第一章　总　　则

**第一条**　为了保障网络安全，维护网络空间主权和国家安全、社会公共利益，保护公民、法人和其他组织的合法权益，促进经济社会信息化健康发展，制定本法。

**第二条**　在中华人民共和国境内建设、运营、维护和使用网络，以及网络安全的监督管理，适用本法。

**第三条** 国家坚持网络安全与信息化发展并重，遵循积极利用、科学发展、依法管理、确保安全的方针，推进网络基础设施建设和互联互通，鼓励网络技术创新和应用，支持培养网络安全人才，建立健全网络安全保障体系，提高网络安全保护能力。

**第四条** 国家制定并不断完善网络安全战略，明确保障网络安全的基本要求和主要目标，提出重点领域的网络安全政策、工作任务和措施。

**第五条** 国家采取措施，监测、防御、处置来源于中华人民共和国境内外的网络安全风险和威胁，保护关键信息基础设施免受攻击、侵入、干扰和破坏，依法惩治网络违法犯罪活动，维护网络空间安全和秩序。

**第六条** 国家倡导诚实守信、健康文明的网络行为，推动传播社会主义核心价值观，采取措施提高全社会的网络安全意识和水平，形成全社会共同参与促进网络安全的良好环境。

**第七条** 国家积极开展网络空间治理、网络技术研发和标准制定、打击网络违法犯罪等方面的国际交流与合作，推动构建和平、安全、开放、合作的网络空间，建立多边、民主、透明的网络治理体系。

**第八条** 国家网信部门负责统筹协调网络安全工作和相关监督管理工作。国务院电信主管部门、公安部门和其他有关机关依照本法和有关法律、行政法规的规定，在各自职责范围内负责网络安全保护和监督管理工作。

县级以上地方人民政府有关部门的网络安全保护和监督管理职责，按照国家有关规定确定。

**第九条** 网络运营者开展经营和服务活动，必须遵守法律、行政法规，尊重社会公德，遵守商业道德，诚实信用，履行网络安全保护义务，接受政府和社会的监督，承担社会责任。

**第十条** 建设、运营网络或者通过网络提供服务，应当依照法律、行政法规的规定和国家标准的强制性要求，采取技术措施和其他必要措施，保障网络安全、稳定运行，有效应对网络安全事件，防范网络违法犯罪活动，维护网络数据的完整性、保密性和可用性。

**第十一条** 网络相关行业组织按照章程，加强行业自律，制定网络安全行为规范，指导会员加强网络安全保护，提高网络安全保护水平，促进行业健康发展。

**第十二条** 国家保护公民、法人和其他组织依法使用网络的权利，促进网络接入普及，提升网络服务水平，为社会提供安全、便利的网络服务，保障网络信息依法有序自由流动。

任何个人和组织使用网络应当遵守宪法法律，遵守公共秩序，尊重社会公德，不得危害网络安全，不得利用网络从事危害国家安全、荣誉和利益，煽动颠覆国家政权、推翻社会主义制度，煽动分裂国家、破坏国家统一，宣扬恐怖主义、极端主义，宣扬民族仇恨、民族歧视，传播暴力、淫秽色情信息，编造、传播虚假信息扰乱经济秩序和社会秩序，以及侵害他人名誉、隐私、知识产权和其他合法权益等活动。

**第十三条** 国家支持研究开发有利于未成年人健康成长的网络产品和服务，依法惩治利用网络从事危害未成年人身心健康的活动，为未成年人提供安全、健康的网络环境。

**第十四条** 任何个人和组织有权对危害网络安全的行为向网信、电信、公安等部门举报。收到举报的部门应当及时依法作出处理；不属于本部门职责的，应当及时移送有权处理的部门。

有关部门应当对举报人的相关信息予以保密，保护举报人的合法权益。

## 第二章 网络安全支持与促进

**第十五条** 国家建立和完善网络安全标准体系。国务院标准化行政主管部门和国务院其他有关部门根据各自的职责，组织制定并适时修订有关网络安全管理以及网络产品、服务和运行安全的国家标准、行业标准。

国家支持企业、研究机构、高等学校、网络相关行业组织参与网络安全国家标准、行业标准的制定。

**第十六条** 国务院和省、自治区、直辖市人民政府应当统筹规划，加大投入，扶持重点网络安全技术产业和项目，支持网络安全技术的研究开发和应用，推广安全可信的网络产品和服务，保护网络技术知识产权，支持企业、研究机构和高等学校等参与国家网络安全技术创新项目。

**第十七条** 国家推进网络安全社会化服务体系建设，鼓励有关企业、机构开展网络安全认证、检测和风险评估等安全服务。

**第十八条** 国家鼓励开发网络数据安全保护和利用技术，促进公共数据资源开放，推动技术创新和经济社会发展。

国家支持创新网络安全管理方式，运用网络新技术，提升网络安全保护水平。

**第十九条** 各级人民政府及其有关部门应当组织开展经常性的网络安全宣传教育，并指导、督促有关单位做好网络安全宣传教育工作。

大众传播媒介应当有针对性地面向社会进行网络安全宣传教育。

**第二十条** 国家支持企业和高等学校、职业学校等教育培训机构开展网络安全相关教育与培训，采取多种方式培养网络安全人才，促进网络安全人才交流。

## 第三章 网络运行安全

### 第一节 一般规定

**第二十一条** 国家实行网络安全等级保护制度。网络运营者应当按照网络安全等级保护制度的要求，履行下列安全保护义务，保障网络免受干扰、破坏或者未经授权的访问，防止网络数据泄露或者被窃取、篡改：

（一）制定内部安全管理制度和操作规程，确定网络安全负责人，落实网络安全保护责任；

（二）采取防范计算机病毒和网络攻击、网络侵入等危害网络安全行为的技术措施；

（三）采取监测、记录网络运行状态、网络安全事件的技术措施，并按照规定留存相关的网络日志不少于六个月；

（四）采取数据分类、重要数据备份和加密等措施；

（五）法律、行政法规规定的其他义务。

**第二十二条**　网络产品、服务应当符合相关国家标准的强制性要求。网络产品、服务的提供者不得设置恶意程序；发现其网络产品、服务存在安全缺陷、漏洞等风险时，应当立即采取补救措施，按照规定及时告知用户并向有关主管部门报告。

网络产品、服务的提供者应当为其产品、服务持续提供安全维护；在规定或者当事人约定的期限内，不得终止提供安全维护。

网络产品、服务具有收集用户信息功能的，其提供者应当向用户明示并取得同意；涉及用户个人信息的，还应当遵守本法和有关法律、行政法规关于个人信息保护的规定。

**第二十三条**　网络关键设备和网络安全专用产品应当按照相关国家标准的强制性要求，由具备资格的机构安全认证合格或者安全检测符合要求后，方可销售或者提供。国家网信部门会同国务院有关部门制定、公布网络关键设备和网络安全专用产品目录，并推动安全认证和安全检测结果互认，避免重复认证、检测。

**第二十四条**　网络运营者为用户办理网络接入、域名注册服务，办理固定电话、移动电话等入网手续，或者为用户提供信息发布、即时通讯等服务，在与用户签订协议或者确认提供服务时，应当要求用户提供真实身份信息。用户不提供真实身份信息的，网络运营者不得为其提供相关服务。

国家实施网络可信身份战略，支持研究开发安全、方便的电子身份认证技术，推动不同电子身份认证之间的互认。

**第二十五条** 网络运营者应当制定网络安全事件应急预案，及时处置系统漏洞、计算机病毒、网络攻击、网络侵入等安全风险；在发生危害网络安全的事件时，立即启动应急预案，采取相应的补救措施，并按照规定向有关主管部门报告。

**第二十六条** 开展网络安全认证、检测、风险评估等活动，向社会发布系统漏洞、计算机病毒、网络攻击、网络侵入等网络安全信息，应当遵守国家有关规定。

**第二十七条** 任何个人和组织不得从事非法侵入他人网络、干扰他人网络正常功能、窃取网络数据等危害网络安全的活动；不得提供专门用于从事侵入网络、干扰网络正常功能及防护措施、窃取网络数据等危害网络安全活动的程序、工具；明知他人从事危害网络安全的活动的，不得为其提供技术支持、广告推广、支付结算等帮助。

**第二十八条** 网络运营者应当为公安机关、国家安全机关依法维护国家安全和侦查犯罪的活动提供技术支持和协助。

**第二十九条** 国家支持网络运营者之间在网络安全信息收集、分析、通报和应急处置等方面进行合作，提高网络运营者的安全保障能力。

有关行业组织建立健全本行业的网络安全保护规范和协作机制，加强对网络安全风险的分析评估，定期向会员进行风险警示，支持、协助会员应对网络安全风险。

**第三十条** 网信部门和有关部门在履行网络安全保护职责中获取的信息，只能用于维护网络安全的需要，不得用于其他用途。

## 第二节　关键信息基础设施的运行安全

**第三十一条**　国家对公共通信和信息服务、能源、交通、水利、金融、公共服务、电子政务等重要行业和领域，以及其他一旦遭到破坏、丧失功能或者数据泄露，可能严重危害国家安全、国计民生、公共利益的关键信息基础设施，在网络安全等级保护制度的基础上，实行重点保护。关键信息基础设施的具体范围和安全保护办法由国务院制定。

国家鼓励关键信息基础设施以外的网络运营者自愿参与关键信息基础设施保护体系。

**第三十二条**　按照国务院规定的职责分工，负责关键信息基础设施安全保护工作的部门分别编制并组织实施本行业、本领域的关键信息基础设施安全规划，指导和监督关键信息基础设施运行安全保护工作。

**第三十三条**　建设关键信息基础设施应当确保其具有支持业务稳定、持续运行的性能，并保证安全技术措施同步规划、同步建设、同步使用。

**第三十四条**　除本法第二十一条的规定外，关键信息基础设施的运营者还应当履行下列安全保护义务：

（一）设置专门安全管理机构和安全管理负责人，并对该负责人和关键岗位的人员进行安全背景审查；

（二）定期对从业人员进行网络安全教育、技术培训和技能考核；

（三）对重要系统和数据库进行容灾备份；

（四）制定网络安全事件应急预案，并定期进行演练；

（五）法律、行政法规规定的其他义务。

**第三十五条**　关键信息基础设施的运营者采购网络产品和服务，可能影响国家安全的，应当通过国家网信部门会同国务院有关部门组织的国家安全审查。

**第三十六条** 关键信息基础设施的运营者采购网络产品和服务，应当按照规定与提供者签订安全保密协议，明确安全和保密义务与责任。

**第三十七条** 关键信息基础设施的运营者在中华人民共和国境内运营中收集和产生的个人信息和重要数据应当在境内存储。因业务需要，确需向境外提供的，应当按照国家网信部门会同国务院有关部门制定的办法进行安全评估；法律、行政法规另有规定的，依照其规定。

**第三十八条** 关键信息基础设施的运营者应当自行或者委托网络安全服务机构对其网络的安全性和可能存在的风险每年至少进行一次检测评估，并将检测评估情况和改进措施报送相关负责关键信息基础设施安全保护工作的部门。

**第三十九条** 国家网信部门应当统筹协调有关部门对关键信息基础设施的安全保护采取下列措施：

（一）对关键信息基础设施的安全风险进行抽查检测，提出改进措施，必要时可以委托网络安全服务机构对网络存在的安全风险进行检测评估；

（二）定期组织关键信息基础设施的运营者进行网络安全应急演练，提高应对网络安全事件的水平和协同配合能力；

（三）促进有关部门、关键信息基础设施的运营者以及有关研究机构、网络安全服务机构等之间的网络安全信息共享；

（四）对网络安全事件的应急处置与网络功能的恢复等，提供技术支持和协助。

## 第四章 网络信息安全

**第四十条** 网络运营者应当对其收集的用户信息严格保密，并建立健全用户信息保护制度。

**第四十一条** 网络运营者收集、使用个人信息，应当遵循合法、正当、必要的原则，公开收集、使用规则，明示收集、使用信息的目的、方式和范围，并经被收集者同意。

网络运营者不得收集与其提供的服务无关的个人信息，不得违反法律、行政法规的规定和双方的约定收集、使用个人信息，并应当依照法律、行政法规的规定和与用户的约定，处理其保存的个人信息。

**第四十二条** 网络运营者不得泄露、篡改、毁损其收集的个人信息；未经被收集者同意，不得向他人提供个人信息。但是，经过处理无法识别特定个人且不能复原的除外。

网络运营者应当采取技术措施和其他必要措施，确保其收集的个人信息安全，防止信息泄露、毁损、丢失。在发生或者可能发生个人信息泄露、毁损、丢失的情况时，应当立即采取补救措施，按照规定及时告知用户并向有关主管部门报告。

**第四十三条** 个人发现网络运营者违反法律、行政法规的规定或者双方的约定收集、使用其个人信息的，有权要求网络运营者删除其个人信息；发现网络运营者收集、存储的其个人信息有错误的，有权要求网络运营者予以更正。网络运营者应当采取措施予以删除或者更正。

**第四十四条** 任何个人和组织不得窃取或者以其他非法方式获取个人信息，不得非法出售或者非法向他人提供个人信息。

**第四十五条** 依法负有网络安全监督管理职责的部门及其工作人员，必须对在履行职责中知悉的个人信息、隐私和商业秘密严格保密，不得泄露、出售或者非法向他人提供。

**第四十六条** 任何个人和组织应当对其使用网络的行为负责，不得设立用于实施诈骗，传授犯罪方法，制作或者销售违禁物品、管制物品等违法犯罪活动的网站、通讯群组，不得利用网络发布涉及实施诈骗，制作或者销售违禁物品、管制物品以及其他违法犯罪活动的信息。

**第四十七条** 网络运营者应当加强对其用户发布的信息的管

理，发现法律、行政法规禁止发布或者传输的信息的，应当立即停止传输该信息，采取消除等处置措施，防止信息扩散，保存有关记录，并向有关主管部门报告。

**第四十八条** 任何个人和组织发送的电子信息、提供的应用软件，不得设置恶意程序，不得含有法律、行政法规禁止发布或者传输的信息。

电子信息发送服务提供者和应用软件下载服务提供者，应当履行安全管理义务，知道其用户有前款规定行为的，应当停止提供服务，采取消除等处置措施，保存有关记录，并向有关主管部门报告。

**第四十九条** 网络运营者应当建立网络信息安全投诉、举报制度，公布投诉、举报方式等信息，及时受理并处理有关网络信息安全的投诉和举报。

网络运营者对网信部门和有关部门依法实施的监督检查，应当予以配合。

**第五十条** 国家网信部门和有关部门依法履行网络信息安全监督管理职责，发现法律、行政法规禁止发布或者传输的信息的，应当要求网络运营者停止传输，采取消除等处置措施，保存有关记录；对来源于中华人民共和国境外的上述信息，应当通知有关机构采取技术措施和其他必要措施阻断传播。



## 第五章　监测预警与应急处置

**第五十一条** 国家建立网络安全监测预警和信息通报制度。国家网信部门应当统筹协调有关部门加强网络安全信息收集、分析和通报工作，按照规定统一发布网络安全监测预警信息。

**第五十二条** 负责关键信息基础设施安全保护工作的部门，应当建立健全本行业、本领域的网络安全监测预警和信息通报制度，并按照规定报送网络安全监测预警信息。

**第五十三条**　国家网信部门协调有关部门建立健全网络安全风险评估和应急工作机制，制定网络安全事件应急预案，并定期组织演练。

负责关键信息基础设施安全保护工作的部门应当制定本行业、本领域的网络安全事件应急预案，并定期组织演练。

网络安全事件应急预案应当按照事件发生后的危害程度、影响范围等因素对网络安全事件进行分级，并规定相应的应急处置措施。

**第五十四条**　网络安全事件发生的风险增大时，省级以上人民政府有关部门应当按照规定的权限和程序，并根据网络安全风险的特点和可能造成的危害，采取下列措施：

（一）要求有关部门、机构和人员及时收集、报告有关信息，加强对网络安全风险的监测；

（二）组织有关部门、机构和专业人员，对网络安全风险信息进行分析评估，预测事件发生的可能性、影响范围和危害程度；

（三）向社会发布网络安全风险预警，发布避免、减轻危害的措施。

**第五十五条**　发生网络安全事件，应当立即启动网络安全事件应急预案，对网络安全事件进行调查和评估，要求网络运营者采取技术措施和其他必要措施，消除安全隐患，防止危害扩大，并及时向社会发布与公众有关的警示信息。

**第五十六条**　省级以上人民政府有关部门在履行网络安全监督管理职责中，发现网络存在较大安全风险或者发生安全事件的，可以按照规定的权限和程序对该网络的运营者的法定代表人或者主要负责人进行约谈。网络运营者应当按照要求采取措施，进行整改，消除隐患。

**第五十七条**　因网络安全事件，发生突发事件或者生产安全事故的，应当依照《中华人民共和国突发事件应对法》、《中华人民共和国安全生产法》等有关法律、行政法规的规定处置。

**第五十八条** 因维护国家安全和社会公共秩序，处置重大突发社会安全事件的需要，经国务院决定或者批准，可以在特定区域对网络通信采取限制等临时措施。

## 第六章 法律责任

**第五十九条** 网络运营者不履行本法第二十一条、第二十五条规定的网络安全保护义务的，由有关主管部门责令改正，给予警告；拒不改正或者导致危害网络安全等后果的，处一万元以上十万元以下罚款，对直接负责的主管人员处五千元以上五万元以下罚款。

关键信息基础设施的运营者不履行本法第三十三条、第三十四条、第三十六条、第三十八条规定的网络安全保护义务的，由有关主管部门责令改正，给予警告；拒不改正或者导致危害网络安全等后果的，处十万元以上一百万元以下罚款，对直接负责的主管人员处一万元以上十万元以下罚款。

**第六十条** 违反本法第二十二条第一款、第二款和第四十八条第一款规定，有下列行为之一的，由有关主管部门责令改正，给予警告；拒不改正或者导致危害网络安全等后果的，处五万元以上五十万元以下罚款，对直接负责的主管人员处一万元以上十万元以下罚款：

（一）设置恶意程序的；

（二）对其产品、服务存在的安全缺陷、漏洞等风险未立即采取补救措施，或者未按照规定及时告知用户并向有关主管部门报告的；

（三）擅自终止为其产品、服务提供安全维护的。

**第六十一条** 网络运营者违反本法第二十四条第一款规定，未要求用户提供真实身份信息，或者对不提供真实身份信息的用户提供相关服务的，由有关主管部门责令改正；拒不改正或者情节严重的，处五万元以上五十万元以下罚款，并可以由有关主管部门责令暂停相关业务、停业整顿、关闭网站、吊销相关业务许可证或者吊销营业执照，对直接负责的主管人员和其他直接责任人员处一万元以上十万元以下罚款。

**第六十二条** 违反本法第二十六条规定，开展网络安全认证、检测、风险评估等活动，或者向社会发布系统漏洞、计算机病毒、网络攻击、网络侵入等网络安全信息的，由有关主管部门责令改正，给予警告；拒不改正或者情节严重的，处一万元以上十万元以下罚款，并可以由有关主管部门责令暂停相关业务、停业整顿、关闭网站、吊销相关业务许可证或者吊销营业执照，对直接负责的主管人员和其他直接责任人员处五千元以上五万元以下罚款。

**第六十三条** 违反本法第二十七条规定，从事危害网络安全的活动，或者提供专门用于从事危害网络安全活动的程序、工具，或者为他人从事危害网络安全的活动提供技术支持、广告推广、支付结算等帮助，尚不构成犯罪的，由公安机关没收违法所得，处五日以下拘留，可以并处五万元以上五十万元以下罚款；情节较重的，处五日以上十五日以下拘留，可以并处十万元以上一百万元以下罚款。

单位有前款行为的，由公安机关没收违法所得，处十万元以上一百万元以下罚款，并对直接负责的主管人员和其他直接责任人员依照前款规定处罚。

违反本法第二十七条规定，受到治安管理处罚的人员，五年内不得从事网络安全管理和网络运营关键岗位的工作；受到刑事处罚的人员，终身不得从事网络安全管理和网络运营关键岗位的工作。

**第六十四条** 网络运营者、网络产品或者服务的提供者违反本法第二十二条第三款、第四十一条至第四十三条规定，侵害个人信息依法得到保护的权利的，由有关主管部门责令改正，可以根据情节单处或者并处警告、没收违法所得、处违法所得一倍以上十倍以下罚款，没有违法所得的，处一百万元以下罚款，对直接负责的主管人员和其他直接责任人员处一万元以上十万元以下罚款；情节严重的，并可以责令暂停相关业务、停业整顿、关闭网站、吊销相关业务许可证或者吊销营业执照。

违反本法第四十四条规定，窃取或者以其他非法方式获取、非法出售或者非法向他人提供个人信息，尚不构成犯罪的，由公安机关没收违法所得，并处违法所得一倍以上十倍以下罚款，没有违法所得的，处一百万元以下罚款。

**第六十五条** 关键信息基础设施的运营者违反本法第三十五条规定，使用未经安全审查或者安全审查未通过的网络产品或者服务的，由有关主管部门责令停止使用，处采购金额一倍以上十倍以下罚款；对直接负责的主管人员和其他直接责任人员处一万元以上十万元以下罚款。

**第六十六条** 关键信息基础设施的运营者违反本法第三十七条规定，在境外存储网络数据，或者向境外提供网络数据的，由有关主管部门责令改正，给予警告，没收违法所得，处五万元以上五十万元以下罚款，并可以责令暂停相关业务、停业整顿、关闭网站、吊销相关业务许可证或者吊销营业执照；对直接负责的主管人员和其他直接责任人员处一万元以上十万元以下罚款。

**第六十七条** 违反本法第四十六条规定，设立用于实施违法犯罪活动的网站、通讯群组，或者利用网络发布涉及实施违法犯罪活动的信息，尚不构成犯罪的，由公安机关处五日以下拘留，可以并处一万元以上十万元以下罚款；情节较重的，处五日以上十五日以下拘留，可以并处五万元以上五十万元以下罚款。关闭用于实施违法犯罪活动的网站、通讯群组。

单位有前款行为的，由公安机关处十万元以上五十万元以下罚款，并对直接负责的主管人员和其他直接责任人员依照前款规定处罚。

**第六十八条** 网络运营者违反本法第四十七条规定，对法律、行政法规禁止发布或者传输的信息未停止传输、采取消除等处置措施、保存有关记录的，由有关主管部门责令改正，给予警告，没收违法所得；拒不改正或者情节严重的，处十万元以上五十万元以下罚款，并可以责令暂停相关业务、停业整顿、关闭网站、吊销相关业务许可证或者吊销营业执照，对直接负责的主管人员和其他直接责任人员处一万元以上十万元以下罚款。

电子信息发送服务提供者、应用软件下载服务提供者，不履行本法第四十八条第二款规定的安全管理义务的，依照前款规定处罚。

**第六十九条** 网络运营者违反本法规定，有下列行为之一的，由有关主管部门责令改正；拒不改正或者情节严重的，处五万元以上五十万元以下罚款，对直接负责的主管人员和其他直接责任人员，处一万元以上十万元以下罚款：

（一）不按照有关部门的要求对法律、行政法规禁止发布或者传输的信息，采取停止传输、消除等处置措施的；

（二）拒绝、阻碍有关部门依法实施的监督检查的；

（三）拒不向公安机关、国家安全机关提供技术支持和协助的。

**第七十条** 发布或者传输本法第十二条第二款和其他法律、行政法规禁止发布或者传输的信息的，依照有关法律、行政法规的规定处罚。

**第七十一条** 有本法规定的违法行为的，依照有关法律、行政法规的规定记入信用档案，并予以公示。

**第七十二条** 国家机关政务网络的运营者不履行本法规定的网络安全保护义务的，由其上级机关或者有关机关责令改正；对直接负责的主管人员和其他直接责任人员依法给予处分。

**第七十三条** 网信部门和有关部门违反本法第三十条规定，

将在履行网络安全保护职责中获取的信息用于其他用途的，对直接负责的主管人员和其他直接责任人员依法给予处分。

网信部门和有关部门的工作人员玩忽职守、滥用职权、徇私舞弊，尚不构成犯罪的，依法给予处分。

**第七十四条** 违反本法规定，给他人造成损害的，依法承担民事责任。

违反本法规定，构成违反治安管理行为的，依法给予治安管理处罚；构成犯罪的，依法追究刑事责任。

**第七十五条** 境外的机构、组织、个人从事攻击、侵入、干扰、破坏等危害中华人民共和国的关键信息基础设施的活动，造成严重后果的，依法追究法律责任；国务院公安部门和有关部门并可以决定对该机构、组织、个人采取冻结财产或者其他必要的制裁措施。

## 第七章 附 则

**第七十六条** 本法下列用语的含义：

（一）网络，是指由计算机或者其他信息终端及相关设备组成的按照一定的规则和程序对信息进行收集、存储、传输、交换、处理的系统。

（二）网络安全，是指通过采取必要措施，防范对网络的攻击、侵入、干扰、破坏和非法使用以及意外事故，使网络处于稳定可靠运行的状态，以及保障网络数据的完整性、保密性、可用性的能力。

（三）网络运营者，是指网络的所有者、管理者和网络服务提供者。

（四）网络数据，是指通过网络收集、存储、传输、处理和产生的各种电子数据。

（五）个人信息，是指以电子或者其他方式记录的能够单独或者与其他信息结合识别自然人个人身份的各种信息，包括但不限于自然人的姓名、出生日期、身份证件号码、个人生物识别信息、住址、电话号码等。

**第七十七条** 存储、处理涉及国家秘密信息的网络的运行安全保护，除应当遵守本法外，还应当遵守保密法律、行政法规的规定。

**第七十八条** 军事网络的安全保护，由中央军事委员会另行规定。

**第七十九条** 本法自 2017 年 6 月 1 日起施行。

**图书在版编目（CIP）数据**

个人信息保护法一本通／法规应用研究中心编．—
北京：中国法制出版社，2021.10
（法律一本通；18）
ISBN 978-7-5216-2183-9

Ⅰ.①个… Ⅱ.①法… Ⅲ.①个人信息-法律保护-
法规-中国 Ⅳ.①D923.7

中国版本图书馆 CIP 数据核字（2021）第 198292 号

责任编辑　孙静　　　　封面设计　杨泽江

**个人信息保护法一本通**
GEREN XINXI BAOHUFA YIBENTONG

编者/法规应用研究中心
经销/新华书店
印刷/三河市国英印务有限公司
开本/880 毫米×1230 毫米　32 开　　　印张/7.25　字数/196 千
版次/2021 年 10 月第 1 版　　　2021 年 10 月第 1 次印刷

中国法制出版社出版
书号 ISBN 978-7-5216-2183-9　　　定价：29.00 元

北京市西城区西便门西里甲 16 号西便门办公区
邮政编码：100053　　　传真：010-63141852
**网址：http://www.zgfzs.com　　　编辑部电话：010-63141787**
**市场营销部电话：010-63141612　　　印务部电话：010-63141606**